publication PN°1
Bibliothek der Provinz

WIEN, IM AUGUST 07

IHNEN, VEREHRTER VITO VON EICHBORN,
MIT DEN BESTEN WÜNSCHEN ZU-
GEEIGNET

Ihr

Christoph Braendle

Christoph Braendle **DER KLEINE REPORTER** *unterwegs*
herausgegeben von Richard Pils
ISBN 978-3-85252-805-2
© Verlag *publication PN°1* Bibliothek der Provinz
A-3970 WEITRA 02856/3794
www.bibliothekderprovinz.at
printed in Austria by Janetschek, A-3860 Heidenreichstein
Titelbild: Helmut Pokornig

Christoph Braendle
DER KLEINE REPORTER

unterwegs

Für Coco und Johanna.
Und für Anna.

INHALT

Lektion I: Vom Kuss 7
Lektion II: Von der Musik 10
Lektion III: Vom Sonntag 12
Lektion IV: Von der Geduld 14
Lektion V: Vom Luxus 16
Lektion VI: Vom Krieg 18
Lektion VII: Von der Eitelkeit 20
Lektion VIII: Von der Wirtschaftlichkeit 23
Lektion IX: Von fremden Wörtern 25
Lektion X: Von der Sehnsucht 27
Lektion XI: Vom Lachen 29
Lektion XII: Vom Geld 31
Lektion XIII: Vom Aberglauben 33
Lektion XIV: Vom Zufall 35
Lektion XV: Von der Utopie 37
Lektion XVI: Von der Pflicht 39
Lektion XVII: Von wichtigen Terminen 41
Lektion XVIII: Von wichtigen Terminen (II) 43
Lektion XIX: Von Skunk 45
Lektion XX: Von der Gerechtigkeit 47
Lektion XXI: Vom Ernten 49
Lektion XXII: Von der Nervösität 50
Lektion XXIII: Vom schwarzen Schnee 52
Lektion XXIV: Vom Regen 53
Lektion XXV: Vom Warten 55
Lektion XXVI: Von den Ahnen 57
Lektion XXVII: Vom fernen Donnergrollen 59
Lektion XXVIII: Von der Hitze 61

Lektion XXIX: Vom Müssiggang 62
Lektion XXX: Vom alten Hund 63
Lektion XXXI: Vom Völkerverbinden 64
Lektion XXXII: Vom Reiz des Schäbigen 66
Lektion XXXIII: Vom Recherchieren 67
Lektion XXXIV: Vom richtigen Reisen 69
Lektion XXXV: Von Trugschlüssen 70
Lektion XXXVI: Vom Jassen 71
Lektion XXXVII: Vom Unvermuteten 72
Lektion XXXVIII: Vom Sinnerschen Kreis 73
Lektion XXXIX: Vom Beginn 74
Lektion XL: Von der Schadenfreude 75
Lektion XLI: Vom korrekten Weltbild 76
Lektion XLII: Von Entelechie 78
Lektion XLIII: Vom Enden I 80
Lektion XLIV: Vom Enden II 81
Lektion XLV: Vom Kuss (Reprise) 82
Nachwort 83

Lektion I: Vom Kuss

Jede Karriere beginnt wie ein Märchen. Auch die des kleinen Reporters: Es war einmal eine Welt, die von Geld beherrscht wurde. Die Hauptstadt dieser Welt war New York, und den spektakulärsten Tempel zur Verehrung des Geldes bildeten Zwillingswolkenkratzer, welche die Erde mit dem Himmel zu verbinden schienen. Sie hiessen World Trade Center, und der Zufall will es, dass der kleine Reporter ein paar Monate lang in ihrem Schatten wohnt. Tag und Nacht schaut er hinaus und hinauf, bis er schliesslich zur Überzeugung gelangt, dass der Höchste Priester der Geldverehrung dort und ganz oben leben müsse.

So beschliesst der kleine Reporter eines Tages, diesen Höchsten Priester zu besuchen und mit ihm aus dem Fenster auf sein Reich zu schauen.

Er nimmt den Expresslift und fährt hinauf, in den 107. Stock. Dort ist ein Restaurant. Im 106. Stock befinden sich Ballsäle. Im 105. Stock steht eine uniformierte Wache. Die Wache weist den kleinen Reporter aus dem Haus. Er kann sich gerade noch den Namen einer Firma notieren:

Cantor, Fitzgerald.

Nach zahllosen Versuchen, die an der süsslichen Stimme einer anonymen Rezeptionistin abprallen, gelingt es ihm endlich, Verbindung mit einem gewissen Robert Mercorella aufzunehmen. Der kleine Reporter unterbreitet ihm sein Verlangen. Robert Mercorella sagt, sein Chef gebe keine Interviews. Der kleine Reporter entgegnet, er wolle mit dem Chef nur aus dem Fenster schauen. Robert Mercorella zögert. Er brauche Informationen, schliesslich könne jeder kommen, wenige seien befugt. Der kleine Reporter wiederholt, dass er nur mit dem Höchsten Priester des Geldes aus dem Fenster schauen wolle.

Nach etlichen Wochen und vielen Telefonaten ist es endlich soweit. Der kleine Reporter darf den Höchsten Priester treffen.

Fünf Minuten!, sagt Robert Mercorella, und keine Fragen, welche die Geschäfte betreffen!

Wieder fährt der kleine Reporter mit dem Lift hinauf. Der Höchste Priester heisst Gerald Cantor. Er sitzt hinter seinem Schreibtisch in einem enormen Eckbüro. Mr. Cantor ist allerdings nicht das erste, was der kleine Reporter sieht. Das erste ist der Kuss. Mitten im Raum steht sie, diese wundervolle Plastik von Auguste Rodin. Der kleine Reporter steht wie gelähmt. Alles hat er erwartet, aber das nicht, diese Schönheit, diese Harmonie, diese intime Innigkeit. Dann sieht er Balzac, er sieht die Hand Gottes, er sieht das Tor zur Hölle. Er sieht Rodin, wohin er schaut. Dann endlich sieht er Gerald Cantor. Er ist ein freundlicher alter Herr, der an diesem Tag Geburtstag hat. Er wird dreiundsechzig. Er erzählt, dass er mit tausend Mitarbeitern einen Tagesumsatz von fünfzig Milliarden Dollar mache. Staatsanleihen. Grosshandel. Die Firma verdiene an jeder Million 38 Dollar. Mehr gebe es dazu nicht zu sagen. Aber über Rodin – über Rodin könne er sich stundenlang unterhalten. Und so reden sie fast eine Stunde lang. Der kleine Reporter erfährt, dass Gerald Cantor der grösste Rodin-Sammler der Welt ist. Seit vierzig Jahren sei das seine wahre Leidenschaft. Seine Augen leuchten. Er habe beinahe neunhundert Skulpturen gesammelt, über vierhundert an Museen verschenkt. Rodin. Sein religiöses Erlebnis.

Dann fragt er, was der kleine Reporter von ihm wolle. Dieser antwortet, dass er mit ihm gerne aus dem Fenster schauen möchte. Leider gibt es keine Aussicht. Um die Spitze des World Trade Centers hat sich eine stumpfe Wolke gehängt, welche die Fenster wie Vorhänge verschliesst. Die Wolke ist hartnäckig, die Sicht aus dem Fenster gleich Null. Am Anfang, sagt Herr Cantor, habe er oft aus dem Fenster geschaut über ganz Manhattan und bis in die Bronx, wo er herstamme. Aber jetzt. Man gewöhnt sich daran, sagt er. Der kleine Reporter fragt ihn, ob er die Wolke nicht vertreiben könne. Das liege, entgegnet Herr Cantor, leider nicht in seiner Macht.

Dann bedauert er, sich wieder der Arbeit zuwenden zu müssen. Er gibt dem kleinen Reporter die Hand, sagt noch einmal »Rodin!« mit unbestimmter Sehnsucht.

Dann fährt der kleine Reporter hinab.

Schreibe: Was ich vom Kuss weiss und vom Küssen. Wie lange dauert ein Kuss? Früher war ein Kuss lang, jetzt ist er kurz: was geschieht mit der gewonnenen Zeit?

Merke: Kaffee wird nicht vom Zucker, sondern vom Umrühren süss.

Lektion II: Von der Musik

Wenn der kleine Reporter ziellos durch die Gegend streift, behält er die Augen offen. Nachts sind Lichter ideale Orientierungshilfen, und die Lichter der Nachtlokale leuchten hell. Der Raum ist halbgross oder halbklein, an der Bar stützen sich die Gäste auf ihre Gläser, über eine grosse Leinwand schleppen sich schwermütige Bilder von einem Liebespaar, das in Anbetracht der Innigkeit seiner Gefühle ständig ungünstig steht: sie auf dem Balkon, er auf dem Dach eines Hauses; er in einem Garten, sie auf einem Parkplatz; sie im Schlafzimmer, er in der Küche. Chinesische Schriftzeichen rollen über den unteren Bildrand. Rund um einen Tisch in der Nähe der Leinwand sitzen junge Leute. Sie reissen sich das Mikrophon aus den Händen. Es ist Karaoke-Abend in Chinatown, wie schön. Ein Bursche singt kläglich. Ein Bursche singt weinerlich. Die Stimme eines Mädchens schwingt dünn und spitz und falsch, dass die Gäste an der Bar ihr in den Gesang schreien. Der nächste Film zeigt Bilder vom Strand und Bilder eines tanzenden Paares in unglaublichen Mengen Tüll. Ein Paar singt, und besser.

In der Pause geht der kleine Reporter zu den jungen Leuten und stellt Fragen: Wie heisst ihr? Kommt ihr oft hierher? Welches sind eure Lieblingssänger? Die jungen Leute nicken und lächeln und lassen sich nicht weiter stören. Der kleine Reporter stellt sich wieder an die Bar und stützt sich auf sein Glas.

Die jungen Leute nippen an ihren Colas. Dann nimmt ein Bursche das Mikrophon, stellt sich vor die Leinwand und singt zu Bildern vom Birkenwald. Von einsamen Gängen durch leere Flure. Es ist nicht leicht, ernst zu bleiben, wenn sogar die Freunde lachen. Die Bar ist siebzehn Meter lang und fünf Meter breit. Die Trinkgläser hängen von der Decke. Das Lokal heisst Winnie. Ausser den Freunden sind einundzwanzig Trinker im Lokal. Sie lachen nicht, sondern schreien sich gegenseitig taub. Dann zeigt die Leinwand Bilder von zwei kräftigen Männern, die sich um ein Mädchen in einem gelben Kleid streiten. Das Mädchen schaut dem Kampf ziemlich verwundert zu. Einer der Burschen singt mit schöner Stimme die Strophen, alle Freunde den Refrain.

Die Frage, wie man ein Schlagerstar wird, beantwortet sich der kleine Reporter an diesem Abend nicht.

Schreibe: Woran erkennt man Musik? Wie laut ist leise? Wieso singt man mit dem Mund?

Merke: Wenn man nach zehn Minuten nicht gelacht hat, kann man's vergessen.

Lektion III: Vom Sonntag

Die kleine Bar in der Nachbarschaft ist der richtige Ort, einen geruhsamen Nachmittag zu verbringen. Wenige Gäste diskutieren mit dem Barkeeper Geschäfte, die man machen sollte oder machen möchte oder machen könnte. Der Boden ist mit frischem Sägemehl bestreut, es riecht nach Sonntag und gutem altem Whisky. Am Bildschirm kämpfen die Dallas Cowboys gegen die Washington Redskins um einen Platz in den Finalspielen. Es steht sieben zu sechs für die Cowboys und *second down and goal* auf der Drei-Yard-Linie für die Redskins, eine Situation also, die jedem, der sich auskennt, die Erregung in die Augäpfel treibt.

In diesem Moment geht die Tür auf. Ein unglaublich dicker, unglaublich abgerissener Afroamerikaner schleppt eine unglaubliche Menge unglaublich grosser Tragtaschen in die Bar. Die andern Gäste schauen kurz auf, verschieben die Augenbrauen einen Millimeter Richtung Haaransatz und reden weiter. Natürlich stellt sich der Neue direkt neben den kleinen Reporter. »You from New York?« schlägt er ihn an. »Nein!« knurrt der zurück. Immerhin hat er die ganze Woche damit verbracht, geduldig irgendwelcher seltsamer Menschen Lebensgeschichten abzuhören. »Where you from?« kommt der zweite Hieb. »Europa«, sagt der kleine Reporter, und die Stimme ist dünn und hart wie kalter Stahl. Er würde sich abwenden, wenn sich der Mensch nicht in die Blicklinie zum Fernsehgerät geschoben hätte. Er sieht, dass er den Spielzug verpasst hat. Es steht *third and goal* auf der Zwei-Yard-Linie. Das Publikum rast.

Der Mensch gibt vorläufig Ruhe, gräbt aus seinen Taschen unglaubliche Mengen unbeschriebener Glückwunschkarten, schaut sie lange an. Die Verteidigung wehrt den *touchdown* ab, die übrigen Gäste feuern die Bildschirmmännchen an. »Lausbuben!« Dem kleinen Reporter reisst's den Kopf herum. Der Mensch erklärt: »Ich hasse Fussball.« Immer noch deutlich und deutsch, und ohne Akzent. »Ich war in der Schule immer der kleinste, mich haben sie immer zuletzt gewählt. Da ging ich lieber in die Bibliothek. Ich habe ein Semester in Weimar und eines in Heidelberg studiert. Die Doktorarbeit schrieb ich über die Deutsche Literatur des Mittelalters. Jetzt habe ich einen Teilzeitjob an der Universität Boston, in der Bibliothek. Spezialisten der Deutschen Literatur des Mittelalters sind in diesem Land nicht sehr gefragt. Ich habe eine Zeitlang versucht, dem amerikanischen Traum nachzurennen. Wahrscheinlich sind meine Beine auch dafür zu kurz. Übrigens: ich heisse Forest.«

Sie plaudern eine Weile, dann sammelt Forest seine Taschen ein, verabschiedet sich und zwängt sich durch die Tür. Der kleine Reporter wendet sich dem Spiel zu. Es ist aus. Die Redskins haben die Cowboys in einer der dramatischsten Auseinandersetzungen dieser Saison zwanzig zu siebzehn besiegt; die Reporter ereifern sich über den *fumbel* in der *endzone*, der das Spiel entschied; die Reporter sind sich einig, dass beide Teams eine *superbowl*-reife Vorstellung geboten haben.

Schreibe: Was will der Sonntag mit der Sonne, was kann der Montag mit dem Mond? Was gewänne die Welt, wenn man das Jahr im Dezimalsystem mässe? Wie haben Sonntage ausgesehen, als es noch keinen Sonntag gab?

Merke: Der Lösung eines Problems stellt sich meistens das Problem in den Weg.

Lektion IV: Von der Geduld

Tampa ist eine schnell wachsende Zersiedlung so ungefähr am Meer. Meistens hängt ein feiner Tanggeruch in der Luft, aber er ist wirklich nur sehr fein; und die Boote, die in manchen Hinterhöfen stehen, wirken irgendwie fehl am Platz, so wie Möwen im Gebirge oder Raben auf einer Hochzeit.

Tampa ist billiger als Miami, Fort Lauderdale und Palm Beach. Deshalb ziehen Pensionisten aus dem ganzen Land hierher, um sommers bis winters und winters bis sommers Golf zu spielen und Alligatoren zu jagen. Das Klima sei herrlich, sagen sie, nur im Hochsommer, wenn es unerträglich schwül wird, werden die *lovebugs*, die Liebesfliegen, zur Plage. Die Liebesfliegen treten in ungeheuren Mengen auf und sind so winzig, dass sie leicht durch die engmaschigsten Gitter in die Schlafzimmer schlüpfen, wo sie, immer zu zweit aufeinander klebend, bis sie nach zwei Tagen tot aus der Luft fallen, die Menschen ständig an gewisse Triebe erinnern.

Seit kurzem gibt es in Tampa für den unablässigen Strom der Pensionisten einen neuen Flughafen, modern in jeder Hinsicht, mit sechs Terminals und kleinen Verbindungsbahnen und Boutiquen aller Art und grossen Wartehallen. Er ist so grosszügig angelegt, dass nie Geschäftigkeit aufkommt und Feriengefühle leicht bis in die Wartezonen dringen. Auch der kleine Reporter sitzt gemütlich und wartet geduldig auf den Flug nach New York, der inzwischen eine Stunde überfällig ist; er schaut aus dem grossen Panoramafenster und sieht, wie sich andere Flugzeuge von den Rollbahnen in den Himmel schleudern. Neben seinem Flugzeug wartet geduldig das Gepäck, und daneben warten ebenso geduldig die Arbeiter auf Arbeit.

So ungefähr alle halben Stunden erkundigt sich der kleine Reporter freundlich beim freundlichen Personal, wann denn das Flugzeug starte; er erhält die immer gleiche, geduldig erteilte Auskunft: In einer Viertelstunde.

Irgendwann verkündet eine nette Lautsprecherstimme, dass irgendein Flug leider überbucht sei. Die zuständige Fluggesellschaft bitte Passagiere, die es nicht eilig hätten, ein nächstes Flugzeug zu nehmen; sie offeriere einen Gratisflug irgendwohin, ausgenommen Alaska und Hawaii. Das löst ein kurzes Gedränge vor dem Schalter jener Fluggesellschaft aus, offenbar haben es die Pensionisten wirklich nicht eilig und könnten sich einen Abstecher nach Springfield, Ohio, oder Springfield, Tennessee, schon vorstellen; wirklich wichtig ist auch das nicht, jedenfalls warten bald wieder alle geduldig und plaudern oder lesen in Zeitschriften oder beobachten, wie sich noch mehr Flugzeuge von den Rollbahnen in den Himmel schleudern.

Den kleinen Reporter dünkt das Warten hier so angenehm, dass er sich vorstellen kann, in aller Ruhe mit den Pensionisten auf den Tod zu warten, zumal jetzt nicht die Saison der Liebesfliegen ist und man nicht an irgend etwas Bestimmtes erinnert wird.

Aber wie das so ist im Leben: Kaum gedacht, fordert die nette Lautsprecherstimme die Reisenden freundlich zum Einsteigen auf. Und bald schleudert sich auch dieses Flugzeug von der Rollbahn in den Himmel und rast dorthin, wo Geduld ein Verbrechen ist.

Schreibe: Was ich auf dem Flughafen gesehen habe und was ich im Flugzeug nicht tun darf. Wieviel Geduld verbraucht ein durchschnittliches Menschenleben, Tierleben, Pflanzenleben, Steinleben, Wasserleben?

Merke: Führe nie in einem schwierigen Gelände Krieg.

Lektion V: Vom Luxus

Dem verwöhnten Menschen wurde das Besondere so weit demokratisiert, dass es inzwischen Allgemeingut ist. Golf spielt heute schon beinahe jeder, und Tennis ist so verkommen, dass, wer diesen Sport betreibt, sich der ständigen Gegenwart von Hausmeistern, Bademeistern und Meistern der Schrebergartenkunst aussetzen muss.

Für den kleinen Reporter hingegen sind seit dem Einsturz der Mauer zwischen Ost- und Westwelt gewisse Konsumgüter endlich erschwinglich geworden. Er denkt natürlich an Kaviar, während er sich von ungeheuren Touristenmassen über die Karlsbrücke schieben lässt. Eigentlich will er dorthin, wo der heilige Nepomuk, in einen Sack geschnürt und mit Steinen beschwert, in die Moldau geworfen wurde. Von König Wenzel Vier, dem seiner Gemahlin Sophie überlange Aufenthalte im Beichtstuhl verdächtig schienen. Das liess nun wirklich auf besonders schwere Sünde schliessen: Ehebruch. Weil sich der Beichtvater weigerte, das Beichtgeheimnis zu brechen, wurde er ersäuft. Die Stelle zieren heute fünf goldene Sterne. Wer sie berührt, kommt eines Tages wieder nach Prag.

Es gibt natürlich auch eine profane Fassung dieser Legende: Nepomuk war ein päpstlicher Spion, und es ging in Wahrheit um einen Machtkampf zwischen Kirche und Königtum, der im Hauruckverfahren entschieden wurde. Wahrscheinlich stimmt diese Erklärung, aber es gehört zum besonderen Luxus nicht nur unserer Kultur, den Frauen an allem die Schuld zu geben.

Jedenfalls ist diesmal tatsächlich eine Frau schuld, dass der kleine Reporter auf die folgende Geschichte stösst. Beim Versuch, zu den Sternen zu kommen, wird er von den touristischen Horden in eine ganz andere Richtung getrieben, bis er plötzlich vor einer Frau steht, die gleichzeitig Flöte spielt, mit drei Bällen jongliert und einen Reifen um die Hüfte wirbelt. Er schaut ihr lange genug zu, um einen Mann zu bemerken, der neben ihr aus einem Koffer Kaviar verkauft. Beluga und Malossol, originalverpackt, grosse Gläser für lächerliche 200 Kronen.

Natürlich kauft der kleine Reporter. Er kauft allerdings, weil ihm der Preis doch irgendwie verdächtig erscheint und er verdorbene Ware, eine Fischvergiftung also, befürchtet, nur ein Glas, obwohl er am liebsten zehn erwerben möchte. Um Freunde zu beschenken.

Wieder zu Hause, öffnet er das Glas, um mit der Begleitung seiner Wahl einen dekadenten Nachmittag zu verbringen. Es riecht alles frisch und richtig. Wie er sich allerdings einen Löffel Kaviar zwischen Zunge und Gaumen schiebt, zerplatzen die Kügelchen nicht, vielmehr verpappen sie zu einem unappetitlichen Brei. Der Kaviar ist mit Krakentinte gefärbte Hirse.

Obwohl der kleine Reporter die Sterne nicht berührt hat, reist er einige Wochen später wieder nach Prag. Er findet den gleichen Mann an der gleichen Stelle mit dem gleichen Koffer und einem neuen Preis: 250 Kronen. Die harschen Vorhaltungen bewirken allerdings nur, dass der Mann plötzlich keine der bekannten Kultur-Sprachen mehr versteht. Irgendeinen der selbstvergessen über die Brücke schlendernden Polizisten vergeblich zu einer Inspektion zu motivieren versuchend, kommt der kleine Reporter nach einer Stunde wieder zum Ort des Geschehens. Mann und Koffer sind verschwunden.

Diesmal unterlässt er es nicht, die fünf Sterne zu berühren. Vielleicht hat sich die Wirkung im Laufe der Zeit verdreht.

Schreibe: Auf welchen Luxus kann ich nicht verzichten? Wieviel kostet Freiheit, und wer verkauft sie? Was geschieht, wenn man in Kaviar badet?

Merke: Wenn eine Epoche zu Ende geht, werden die Wünsche masslos.

Lektion VI: Vom Krieg

Wenn der kleine Reporter auf der Strasse von Maribor nach Zagreb über viele tote Tiere hinwegfährt und den entgegenkommenden Automobilen durch die Scheiben schaut, denkt er an die Zukunft und daran, dass die Menschen bald nicht mehr aus den Häusern müssen und dürfen. Es wäre schade, denkt er weiter, wenn die ganzen komplizierten Strassennetze brach lägen; soviel Arbeit, soviel Geld, soviel Sturheit hätten sich verschwendet. Man könnte, denkt er endlich, den Verkehr automatisieren und die Kraftfahrzeuge ihre Ziele selbständig wählen und ansteuern lassen, damit sie zu dem würden, was sie für viele Tiere wahrscheinlich sind: rasende Dämonen, mörderische Drachen, höchstentwickelte Wesen.

Dann zählt der kleine Reporter, immer noch auf der Strasse von Maribor nach Zagreb, die zerstörten, zerfetzten, zerquetschten Fellbündel: Auf drei Kilometern sind es achtzehn Katzen; der Tod kam so schnell über sie, dass sie vielleicht nicht schrien.

Schliesslich fährt er, schon nach Zagreb jetzt, an etlichen Militärposten vorbei, an Fahrzeugen der Uno, der Caritas, des Roten Kreuzes, an Menschen in Kampfanzügen auch. Wenn er nach Slavonski Brod weiterführe, nach Banja Luka oder nach Mostar, käme er an und in den Krieg. Aber der Krieg ist nichts für den kleinen Reporter, der Krieg ist Sache der grossen Reporter, denn Krieg ist ein grosses Thema, das ehrfürchtig von Ehre, ruhmsüchtig von Ruhm und machtdurstig von Macht erzählt.

Also dreht der kleine Reporter ab, in Richtung Südwesten und Meer und nach Senj, um von dort auf die Insel Krk zu kommen, wo, im Friedhof von Stara Baska, die Gräber der serbischstämmigen Toten geschändet sind, sonst aber nichts an die Nähe des Krieges erinnert. Nur die Touristen fehlen, auch dieses Jahr; das Meer hat sich erholt, das Wasser, die Tiere, die Pflanzen sind froh.

Die Segler allerdings kommen herein wie immer. Deutsche, Österreicher, Schweizer. Franzosen, Italiener, Amerikaner. Sie essen in Krk und in Punat, in Baska und in Malinska Hummer und Langusten und Krebse, die schreien, wenn man sie ins kochende Wasser wirft. Aber ihre Schreie hört man ebensowenig wie die Schreie der Katzen oder die Schreie der Menschen im Krieg, der eine Folge der Gleichgültigkeit gegenüber dem Schicksal anderer ist. Wie sonst könnte, denkt der kleine Reporter zum Schluss, im gleichen Land zur gleichen Zeit hässlichste Gewalt und friedlichste Idylle herrschen? Er mischt sich unter die Segler und hört, wie sie von Windstärken reden, vom Wellengang und davon, wie froh sie sind, dass die Bedienung aufmerksamer, die Preise erschwinglicher und die Länden weniger verstopft sind als vor dem Krieg.

Schreibe: Katzen haben sieben Leben; wieviel Leben hat ein Mensch, ein Hummer, das Wasser? Wer bestimmt, wann Krieg ist und wann Frieden? Wie nah muss ein Ereignis heranrücken, bis es keine Nachricht mehr, sondern eine Gefährdung ist?

Merke: Feuer brennt am besten, wenn man es tüchtig nährt.

Lektion VII: Von der Eitelkeit

Schon oft hatte man den kleinen Reporter gedrängt, zum Film zu gehen; er widerstand den Versuchungen, weil ihm der Beruf des Stars nicht wirklich seriös erschien. Bis die Disney-Produktion »The Three Musketeers« nach Wien kam und er, um in der Filmbranche zu recherchieren, Statist wurde.

Die dreihundert Menschen der Crew lungerten meist unbeschäftigt auf dem Set herum. Die Spezialisierungen sind so unendlich verfeinert, die Abläufe so genau festgelegt, dass immer nur wenige arbeiten, während andere schon gearbeitet haben und dritte darauf warten, arbeiten zu können.

Die Stars lungerten nicht. Sie wurden selten gebraucht. Während des Einleuchtens nahmen Stand-ins ihre Plätze ein, in den Totalen spielten die Stunts, in den Halbtotalen die Doubles und in den gefährlichen Szenen die Stunt Doubles ihre Rollen. Also liessen sie sich in ihren Wohnwagen verhätscheln. Oder stolzierten wie Pfaue einher, um sich von Gaffern, Zaungästen und Statisten bewundern zu lassen.

Dem kleinen Reporter könnte solch ein Leben gut gefallen, also benützte er die Recherche, um entdeckt zu werden. Er merkte lange nicht, wer in dieser Produktion das Sagen hatte. Damit war Zeit vertan, wertvolle Zeit, während deren er unwichtige Leute anlächelte, zu unbedeutenden Menschen Hallo sagte und untergeordnete Mitarbeiter mit seinem perfekten Englisch beeindruckte.

Endlich wusste er, wem er seine Begabungen vorführen musste: dem Regisseur Stephen, der hier seinen ersten grossen Film machte; dem Kameramann Dean, der immerhin einen Oscar für »Dances with Wolfes« erhielt; und Mickey, der schon bei »Ben Hur« Second Unit Director gewesen war und heute eine Hollywoodlegende ist. Er beschloss, sich allen ins Gedächtnis zu spielen, sein Wissen aber für sich zu behalten. Den andern

Statisten war nämlich mit grellen Lettern ins Gesicht geschrieben, dass sie für die winzigste Rolle morden würden.

Der kleine Reporter gehörte zur Garde des Kardinals; er wurde über eine Treppe hoch zum Eingang eines Prunksaals geführt, den er zu bewachen hatte. In der Szene eilte der Star aus dem Saal auf den Balkon und teilte den Musketieren, die unten im Hof standen, mit, dass sie entwaffnet und zur Infanterie versetzt würden. Der kleine Reporter hatte ihm die Tür aufzureissen. Leider erhielt er keine Hinweise, wie er seine Rolle zu interpretieren habe. Stell dich hin und steh still! Er probierte dieses und jenes, während Aufnahmen aus der Sicht des Stars abgedreht wurden, aber sein Platz war ungünstig, es kam höchstens seine Hand ins Bild.

Also beschloss er, für die Gegenschüsse nicht steif und gerade hinter der Tür zu stehen, sondern dem Star auf die Terrasse zu folgen und sich sozusagen beschützend neben ihn zu drängen. Der Regieeinfall fand Anklang, jedenfalls reklamierte keiner. Immer wieder trat er hinter dem Star auf den Balkon und spielte den hochmütigen Chefgardisten mit atemraubender Bravour.

Ein guter Anfang war gemacht, eine bessere Fortsetzung würde folgen. Dachte der kleine Reporter und stand am zweiten Tag, Stift und Notizblock im Hinblick auf die neue Karriere zu Hause lassend, früh bereit, ganz versunken in seine Rolle und auf den Auftritt wartend. Er wurde nicht gebraucht. Den ganzen Tag lang nicht. Er stand, sass, lag drei Tage auf Abruf, den Tränen nahe.

Am fünften Tag lernte er, dass ein Statist, der vom Star oder Nebendarsteller ablenkt, unbrauchbar ist und dass Komparsen im Filmgeschäft irgendwo zwischen Abschaum und Bodensatz siedeln. Er erfuhr, dass ein Pferd mit Begleiter die Gage von zweiundzwanzig Statisten erhält.

Während des Fechtens am sechsten Tag hatte er zu sterben, bevor die Szene richtig begann. Was soll's, seufzte der kleine Reporter, was ist schon ein Star, wer will schon nach Hollywood.

Schreibe: Seit wann ist Eitelkeit ein Laster und wie lange noch? Ist Tizians »Venus von Urbino« eitel, kokett, putzsüchtig, gefallsüchtig oder hübsch? Durch wie viele steinige Wüsten führt der Weg nach Hollywood?

Merke: Wenn du schon nichts zu schreiben hast, dann schreib es wenigstens schön.

Lektion VIII:
Von der Wirtschaftlichkeit

Pavarotti, ach! Der gewaltige Pavarotti. Was gäbe man drum, ihn zu sehen, wie viele Leben! Wie viele Meilen ginge man, welche Meere möchte man durchqueren. Er! Gott des Belcanto, Stimme aus Zuckerguss und Glockenklang, Legende zu Lebzeiten, dem Gewöhnlichen unendlich entrückt, verehrt, umbuhlt, bestürmt. Pavarotti kommt nach Wien. Karten sind rar.

Wer keinem Kreditunternehmen angehört, hat es schwer. Früher musste man nächtelang auf kaltem Boden vor der Staatsoper ausharren, um in giftiger Konkurrenz mit anderen Fanatischen eine Chance zu erkämpfen. Jetzt ist alles neu. Jetzt werden Zettel gedruckt, bunte Zettel mit sechzehn Feldern. In jedem steht ein Datum, eine Uhrzeit – eine Anordnung also, genau dann sich vor der Kasse einzufinden, sechzehnmal in drei Tagen, um sechzehn Stempel zu erwerben, die, vollständig versammelt, eine Berechtigung, eine Hoffnung, eine Wahrscheinlichkeit offerieren.

Dem kleinen Reporter kommt das vor wie eine Schnitzeljagd, ohne Weg allerdings, ohne Bäume, Moos und Lerchenschlag. Ein Orientierungslauf, der nur immer wieder zur gleichen Türe führt, zum gleichen Gesicht, das – müde, mürrisch, miserabel – Stempel auf die Zettel haut. Der kleine Reporter erfragt bis in die Direktionsetage den tieferen Sinn dieses Spiels. Man wolle, erfährt er, Erleichterungen schaffen, man stelle das unwürdige Warten während ganzer Nächte ab, man spare, plane, straffe. Vor allem strebe man, wird ihm erklärt, nach höchster Effizienz.

Also strebt der kleine Reporter am ersten Tag zur ersten Zeit zur Tür und wartet. Schon öffnet sich der Schalter, schon wird die Stempeltinte schnell ins richtige Feld gedrückt, schon verstreut sich alles in unterschiedlichsten Wind. Um wiederzukehren: um zehn Uhr dreissig, zwölf Uhr dreissig, vierzehn Uhr dreissig, sechzehn Uhr dreissig und um achtzehn Uhr.

Am zweiten Tag wiederholt sich alles, man kennt sich inzwischen, die zweihundert Gefährten sind Studenten, grösstenteils, die vielleicht im Auftrag handeln, der Eltern, des Onkels, einer Erbtante wohl. Oder noch eher im Auftrag irgendeiner Person, die Geld hat, aber keine Zeit. Studenten sind billig, sie stellen sich für wenig gerne hin. Einen trifft der kleine Reporter, der fährt jeden Morgen fünfzig Slowaken aus Bratislava heran. Sie sind noch billiger als die Studenten, und er erhält, weil jeder Zettel zwei Eintrittskarten garantiert, hundert Stück, die er mit grossem Gewinn an Theaterkartenbüros veräussert, die sie wiederum mit grossem Gewinn an Touristen verkaufen.

Man plaudert kurz, um die Zwischenzeit mit unterschiedlichsten Beschäftigungen zu füllen, und stellt fest, dass sich die Gruppe verdünnt. Wie zehn kleine Negerlein. Am Abend sind es nur noch vier. Versehrung, Gebrest, Läsion; Konquassation, Luxation und Subluxation; Abriss, Ablederung oder Décollement; so viele Möglichkeiten, so viele Gefahren, soviel nutzloses Bemühen: Wer *einen* Termin verpasst, hat alles versaut.

Am Freitag fehlen dem kleinen Reporter nur noch zwei Stempel. Da wird er unvermutet zu einem Leben-oder-Tod-Termin gerufen ... Der Zettel, der schweissgetränkte und seiner bunten Leuchtkraft beraubte, ist Makulatur. – Pavarotti, erfährt der kleine Reporter einige Tage später, war recht gut; die Ovation, stehend, eines in Raserei geratenen Publikums Dreiviertelstunden lang.

In einem Monat kommt Placido Domingo. Karten sind rar.

Schreibe: Was mir vor der Oper am besten gefallen hat. Der Türsteher ist einen Meter sechzig gross. Wie gross bist du? Wer ist grösser? Wieviel? Wozu? Wenn hundert Leute keine Zeit haben, wieviel Zeit hat dann ein Mensch?

Merke: Zum Begräbnis der Wahrheit gehören viele Schaufeln.

Lektion IX: Von fremden Wörtern

Der kleine Reporter sitzt in den Bergen bei Speck, Brot, Schnaps und lernt neue Wörter. Tuschen heisst schlagen, sekkieren heisst plagen, närrisch heisst verrückt. Die Berge sind eigentlich kräftige Hügelketten. Sie heissen Kuhschneeberg und Hochschneeberg und Hoher Hengst. Oder Rax, Wechsel, Bucklige Welt. Sie sind selten höher als zweitausend Meter, aber man sieht viel. Ins Burgenland und zum Neusiedlersee und manchmal nach Wien; oder hinauf in den Himmel, wo über einer Krähe und unter Gewitterwolken ein Segler seine stillen Bahnen zieht.

Die Wanderer sitzen in der Hütte bei Speck, Brot und Schnaps. Sie reden in fremden Zungen. Fetzen heisst Tuch, Schwammerl heisst Pilz, Goschn heisst Mund. Sie nehmen sich und ihre Hügel sehr ernst. Sie füllen schwere Bergschuhe, Bundhosen, karierte Hemden, sind alle per du und prahlen mit Schnellkletterleistungen. Die Wände sind mit Gamsschädeln und Geweihen tapeziert.

An einem Tisch sitzen andere. Aussenseiter. Mit Turnschuhen, Hemden, modernen Krawatten.

Gestern, vorgestern, am Tag davor hat es geregnet. Jetzt schiessen die Pilze aus dem Boden. Der Parasol, die Boviste, die Herrenpilze und die Bärenklauen.

Die Wanderer wollen in aller Früh auf die Suche gehen. Die Aussenseiter haben am Nachmittag gefunden. Ihre Pilze tragen hinauf und hinauf, zaubern in finsterste Nacht Regenbogen, führen zu den Sternen oder schwemmen ins Tal, ohne dass man sich bewegt. Die hohen Hügel werden zu gewaltigen Gebirgen, die Kuppen und Kogel zu Drachen mit hundert Köpfen. Murmeltiere, in dieser Gegend fremd, pfeifen durch die Finger. Diesen anderen grinsen die Tierschädel bös. Sie fletschen rachsüchtig die Zähne, schnauben durch blanke Nüstern und steigen herab, schliessen den Kreis dichter, drängen und stechen mit scharfen Hörnern. Die Aussenseiter schrecken auf und möchten

Milch, weil Milch gut gegen diese Pilze ist. Hier oben, erfahren sie, gibt es keine Milch, weil hier niemand narrische Schwammerln isst. Narrische Schwammerln machen verrückt.

Die Wanderer plagen normale Träume. Gemeinsam die zwei höchsten Berge Afrikas besteigen, den Kilimandscharo (5895) und den Mount Kenya (5188), »mit einigen Wörtern«, so steht es im Prospekt, der neben dem Hüttenbuch liegt, »über die sich jeder Afrikaner/Keniater (man sollte niemals Neger sagen) freut: jambo heisst hallo, kwaheri heisst auf Wiedersehen, karibu heisst Willkommen«.

Schreibe: Wie wirklich ist die Wirklichkeit? Wie viele fremde Wörter kennst du? Wenn der Wert des Bergsteigens das Besteigen eines Berges ist, was ist dann die Umkehrung dieses Wertes?

Merke: »Nietzsche ist tot« (Gott).

Lektion X: Von der Sehnsucht

Die Stadt feiert. Die Stadt feiert die Eröffnung eines neuen Abschnittes der Bahn unter dem Grund. Die Stadt feiert einen überaus kleinen und überaus teuren, einen ausserordentlich wichtigen Abschnitt. Er verbindet endlich den Westbahnhof mit der Innenstadt. Die Stadt feiert; und die Menschen der Stadt feiern mit. Zweihunderttausend auf der Mariahilferstrasse bei Bier und Schinkensemmeln und Losen und Musik.

Die Menschen feiern; der kleine Reporter feiert mit. Er steigt am Stephansplatz in den schönen, silberschnellen Wagen und ist schon unter dem Volkstheater. Ein Mann steigt zu. Der Mann steht, während der Zug fährt. Wir anderen sitzen und starren leer und halten Luftballone in der Hand. Der Mann ist aufgeschwemmt. Schweisstropfen glitzern auf Stirn und Schläfen. Aus dem Mundwinkel rinnt eine Speichelspur auf die Hemdbrust.

Der kleine Reporter beobachtet den Mann.

Der Mann steht und streckt ein schütteres Sträusschen Schiessbudenrosen jeder Frau im Wagen hin. Ganz kurz nur und ganz hoffnungslos. Der Anzug des Mannes sieht aus, als wäre er jahrelang in irgendwelchen Spinden irgendwelcher Nervenanstalten gehangen.

Der kleine Reporter sieht, dass der Mann allen peinlich ist.

In der Station Neubaugasse folgt der Mann kurz einer zierlichen Dame. Abrupt dreht er sich um und flieht zurück in den Wagen. Die Blicke aller wenden sich ab.

Der kleine Reporter fragt den Mann, wieso er das tut.

Der Mann sieht den kleinen Reporter nicht. In der Station Zieglergasse stürzt er aus dem Wagen, überquert den Bahnsteig und erreicht eben noch den Zug, der in die Gegenrichtung zielt. Dort steht er mit seinen Blumen. Die Menschen in jenem Wagen starren leer. Im Wagen des kleinen Reporters schnellt Erleichterung in die Gesichter. Die nächste Station ist Endstation der Bahn unter dem Grund.

Der kleine Reporter steigt aus und feiert in Massen.

Schreibe: Worin unterscheidet sich die Sehnsucht eines Mannes von der Sehnsucht einer Frau? Bilde alphabetisch Wörter von Unterbewusstsein bis Unterwelt. Welche Religionen erlauben einem Mann und einer Kuh, zu heiraten?

Merke: Wenn du beginnst, hört die Ewigkeit auf.

Lektion XI: Vom Lachen

»Le rire«, schreibt Henri Bergson in *Le rire, Essai sur la signification du comique*, »le rire est véritablement une espèce de brimade sociale.« Der kleine Reporter fragt einen Bekannten, was »brimade« bedeutet. Der Bekannte weiss es nicht. Er findet in einem Wörterbuch »brimade – Fuchsprellen«. Der kleine Reporter kennt »Fuchsprellen« nicht, deshalb fragt er einige Bekannte. Niemand kennt »Fuchsprellen«.

Dann geht der kleine Reporter ins Kabarett, um sich einen fröhlichen Abend zu gönnen. Der Kabarettist gleicht einer ins Menschenmass gewachsenen fetten Kröte. Den kleinen Reporter gruselt's. Genauso waren die, erinnert er sich, die wir in der Vorjugend, im Kindergarten, in der Schule gerne quälten. So waren die Unbeholfenen, die Unsportlichen, die Ungeliebten.

Der kleine Reporter lehnt sich zurück und geniesst den Schauer und versteht die Pharisäer. Schon hat ihn der Kabarettist. Unterbrochen redet er. Nichts ist ihm heilig. Poesie. Wissenschaft. Humanismus. Religion. Kultur. Nichts. Schon gar nicht die Liebe. Ununterbrochen lacht er. Er lacht freundlich, gewinnend, richtig nett. »Wieso heissen Unterhosen Unterhosen?« fragt die Kröte. »Weil man sie unter der Hose trägt. Wenn man sie aussen trüge, würde man zu Recht verlacht. Wer das Innere aussen trägt, ist ein Aussenseiter.«

Der Kabarettist lacht harmlos und redet leicht und kühn und legt Sprache in tückischen Schlingen ums Hirn. Die Sprache ist eine Waffe. Die Waffe in Unschlachts Hand.

Vergessen die Vorjugend-, Kindergarten- und Schulphantasien. Elegante Kleidung, bebende Bewegungen, rhetorische Kunst: mein Gott, vielleicht ist er ein wenig dick. Viele Politiker sind dick. Viele Bischöfe sind dick. Vielen Ärzten stehen die Ohren ab. Eigentlich sind, wenn man es überlegt, gerade die Erfolgreichen dick.

Der kleine Reporter lacht. Das Lachen klingt falsch. Das Lachen ist Gift, wenn der Kabarettist gegen Ende die biedere Maske fallen lässt. Für Augenblicke wischt sich das Nette aus dem Gesicht, so dass Gruseln sich in Grauen wandelt.

Das ist der Menschenverächter, der über Liebe spricht. Das ist der Lügner, der über Wahrheit spricht. Das ist der Richter, der einem den Spiegel vor die Fresse hält. Bis man erstarrt. Bis man zittert. Bis der Spiegel bricht.

Nach der Vorstellung gratuliert der kleine Reporter dem Kabarettisten und fragt ihn, ob er vielleicht wisse, was »Fuchsprellen« heisst. »Fuchsprellen bedeutet Mutprobe«, sagt der Kabarettist und lacht. *Le rire est une brimade.* Na also. Der kleine Reporter lacht auch.

Schreibe: Wieviele Arten des Lachens kennst du? Wie klingt dein zynischstes, verliebtestes, neutralstes Lachen? Wann hast du zum letztenmal geweint?

Merke: Ein Unglück ist immer nur so schwer, wie man es nimmt.

Lektion XII: Vom Geld

Als Josef und Maria eine Herberge suchten, fanden sie nur einen Stall. Sie blieben mindestens eine Nacht. Wir wissen nicht, wieviel sie dafür bezahlten, aber wir können uns ziemlich genau vorstellen, wie sich der Zahlungsvorgang gestaltete: Einige Münzen aus Josefs Besitz wechselten die Hand und kamen in die Obhut des Wirts. Da das junge Paar privat unterwegs war, können wir mit ziemlicher Sicherheit ausschliessen, dass Josef eine Quittung verlangte. Er hätte die Nächtigung nirgends auf eine Spesenrechnung schreiben können.

So ist uns Weihnachten als ein – zahlungstechnisch – einfaches Ereignis im Sinn. Wir lieben Weihnachten, weil es unsere Sehnsucht nach dem Einfachen erfüllt.

Die Gegenwart ist komplex, und der kleine Reporter fliegt nach Amerika, um die Zukunft des Komplexen zu ergründen. Er fliegt nach Washington D. C., wo man ihn in einem Seminar über den bargeldlosen Verkehr informiert. Kreditkarten, lernt er, seien besser, schneller, sicherer als *cash*. Die Zukunft, vernimmt er, sei eine rasante Fahrt auf der elektronischen Autobahn.

Der kleine Reporter wird von den Veranstaltern besonders umsorgt, weil ihm ständig die grösste Skepsis ins Gesicht geschrieben steht. Ob er noch Fragen habe, fragt der *President and Chief Executive Officer* des Kreditkartenunternehmens. »Ja«, antwortet der kleine Reporter. »Wie würde es Josef und Maria ergehen?«

»Nun«, sagt der *President and Chief Executive Officer*, »Josef überreicht dem Receptionisten seine Plastic-Karte. Der zieht sie durch ein Gerät und tippt den Betrag ein. Die Informationen rasen als digitale Fetzen zur Bank, mit der das Hotel Geschäftsbeziehungen pflegt; von dort via Glasfaserkabel oder Satellit zu einem *Supercenter* in England; von dort zu der Bank, die Josef die Kreditkarte ausstellte und wo Josefs Zahlungsfähigkeit überprüft und bestätigt wird; und dann den gleichen Weg zurück ins Hotel Bethlehem. Die Reise der Fetzen dauert drei Sekunden. Der Receptionist gibt Josef den Zimmerschlüssel und denkt angesichts der hochschwangeren Maria: Hoffentlich kommt es zu keiner Geburt.«

»Was ist daran besser, schneller, sicherer«, fragt der kleine Reporter den *President and Chief Executive Officer*. »Alles«, antwortet der und lächelt so nett, dass ihm der kleine Reporter fast alles glaubt.

Schreibe: Wieviel hat dich diese Weihnacht gekostet, und welchen Gegenwert wirst du dafür erhalten? Wie kann sich Geldgier befriedigen, wenn man Geld nicht mehr sieht? Wo kauft man Glück?

Merke: Der Unterschied zwischen arm und reich besteht aus einigen Nullen.

Lektion XIII: Vom Aberglauben

Am Freitag, dem Dreizehnten, besteigt der kleine Reporter mit seinem schwarzen Kater den Stadtbus 13A. Er setzt sich ans Fenster und beobachtet, was an ihm vorbeizieht:

Eine dunkle Handtasche, ein Blumenstrauss, ein Paar Ohrringe, zwei Regenmäntel, ein Kamelhaarmantel, zwei Fahrradklammern, eine Zipfelmütze und ein Borsalino, zwei Hornbrillen, eine graue und eine rote Hose, ein Rucksack, ein Schneetreiben, ein Pistolenhalfter, ein Schottenrock, drei rote Plastiktüten und ein Kinderwagen, eine blonde Perücke, ein rostbrauner Minirock und zwei Pudel, ein Nierengurt, eine Wirtschaftszeitung, eine Sonnenbrille, ein schneller Blick, ein Regenschirm, ein Pelzmantel, ein Koffer und ein roter Wollschal, zwei Pelzmützen, ein Paar Turnschuhe und eine Perlenkette und eine Leiter, vier Paar Schnürsenkel, eine Baskenmütze, eine gelbe Sieben, ein Taschenbuch und eine Bibel, drei Krawatten, ein Paar Regengaloschen, eine Strumpfhose, ein gestreiftes weisses Hemd, ein Lederhalsband mit Nieten, eine Zufriedenheit.

An der Endstation steigen der kleine Reporter und sein schwarzer Kater nicht aus. Sie fahren den gleichen Weg zurück. Der kleine Reporter schliesst die Augen und beobachtet, was er sieht:

Eine Feuersbrunst, einen Überfall, eine Kündigung, einen Flugzeugabsturz, zwei Morde und eine Vergewaltigung, ein Erdbeben, einen Autounfall, einen Zusammenstoss von einem Fahrrad und einem Motorfahrrad, eine einstürzende Neubaute, eine Magenverstimmung, ein Hochwasser, einen Hals- und einen Beinbruch, eine Fehlgeburt, eine Gefängnisstrafe, eine Dachlawine, einen Mundraub, einen Blitzschlag, zwei Scheidungen und eine Verlobung, eine Messerstecherei, ein Ertrinken, ein Erfrieren, ein Ersticken, ein Verbrennen, eine Parkbusse, eine Amputation, vier Bürgerkriege, einen Überfall, eine Vollwaisenschaft, einen Giftmord, ein Dutzend Konkurse, eine Alkoholvergiftung, ein Todesurteil, eine entdeckte Steuerhinterziehung, einen Schlangenbiss, eine Geschlechtskrankheit, einen Weltuntergang.

An der Endstation steigen der kleine Reporter und sein schwarzer Kater beruhigt aus. Es ist nichts passiert.

Schreibe: Welches ist das grösste Unglück deines Lebens? Wie bewahrst du dir bei der Fülle fataler Möglichkeiten ein frohes Gemüt? Was geschah am Samstag, dem Vierzehnten, in Luckytown, USA?

Merke: Das Licht am Ende des Tunnels ist auch nicht mehr, was es einmal war.

Lektion XIV: Vom Zufall

VISA ist eine Organisation, an der 18 000 Banken und Finanzinstitutionen beteiligt sind, amerikanische vor allem, aber auch viele aus der ganzen Welt. Im letzten Jahr wurden mit über dreihundertsechzig Millionen VISA-Karten beinahe sechseinhalb Milliarden Transaktionen ausgeführt. »We are the biggest and the best«, sagt Mr. Bertrand, Präsident von VISA International. Er sagt das im schmucken Konferenzraum des schönsten Hotels von Washington D. C., des »Jefferson«, in dem der kleine Reporter eine Suite bezogen hat. Die Suite und die Business-Class-Flüge und die Diners in schicken Restaurants bezahlt natürlich VISA.

Dafür hört der kleine Reporter während zweier Tage zwei Dutzend Vorträge, in denen die grosse, grossartige Welt der Kreditkarten im allgemeinen und die überragenden Vorzüge von VISA im besonderen beschrieben werden.

Auch der kleine Reporter ist seit einigen Jahren Inhaber einer Kreditkarte, einer Mastercard allerdings, und es macht ihn ein wenig traurig, während dieser Tage ständig zu hören, wie wenig seine Karte taugt. Aber die Hirnwäsche wirkt, und er ist schliesslich beinahe bereit, sie zu zerschneiden.

Nach dem Seminar fliegt der kleine Reporter in eigener Sache nach New York. Am Abend begibt er sich auf die Suche nach ungezwungener Gesellschaft. Im Restaurant Arquo ist einiger Betrieb, der kleine Reporter tritt ein. Sofort wird ihm ein Glas Wein in die Hand gedrückt, offenbar ist er auf einer Party gelandet. Er belauscht die Gäste, um herauszufinden, was hier gefeiert wird. Er kann den Zufall kaum fassen: Er befindet sich auf der Jahresfeier von Mastercard.

Der kleine Reporter beobachtet die Gäste, bis er den wichtigsten entdeckt. Er zieht ihn aus einem Gespräch weg und sagt, dass er eben aus Washington D. C. komme, wo ihn VISA zwei

Tage lang belehrt habe, dass VISA die Zukunft und Mastercard zu vergessen sei.

Der Herr, der dem kleinen Reporter zunächst nur sehr unwillig gefolgt ist, wendet sich ihm nun sofort zu. »Hi«, sagt er, »I'm Richard Lakes.« Richard Lakes ist Vizepräsident von Mastercard. Er erklärt dem kleinen Reporter während der nächsten halben Stunde, dass natürlich das Gegenteil wahr sei von dem, was er in Washington gehört habe. VISA habe zum Beispiel im letzten Jahr für die Behebung von Systemmängeln 300 Millionen Dollar ausgeben müssen, Mastercard dagegen nur 60 Millionen.

Dann offeriert er dem kleinen Reporter noch einen Drink.

Schreibe: Worin unterscheidet sich der Zufall von Begriffen wie Schicksal, Geschick, Los, Vorsehung, Fügung, höhere Gewalt, Bestimmung, Fatum, Prädestination, Gott? Wie beutet man einen Zufall richtig aus?

Merke: Ein Esel, der Gold scheisst, frisst kein Heu.

Lektion XV: Von der Utopie

Der kleine Reporter ärgert sich. Er ärgert sich grün und blau und möchte am liebsten in einen Eichentisch beissen, so sehr ärgert er sich. Weder hat er eine Diskussion erlebt, in der pure Arroganz vernünftige Argumente ersetzte, und in der jeder vorgab, die Wahrheit zu besitzen, obwohl Wahrheit weder Ding noch Handelsobjekt ist, sondern ein flüchtiger Hauch, ein Flüstern, ein scheues Gut, das sich zupackender Gier entzieht.

Es ging natürlich um Europa.

Europa! Faszinierende Utopie, die verhindern wollte, dass sich der alte Kontinent wieder in mörderische Selbstzerfleischung stürze; eine Utopie des Geistes, der Ideen und des Friedens. Und was wurde daraus? Sie verkam. Sie verkam in den Händen von Erbsenzählern und Hühnerverschiebern zu einer Wirklichkeit, die für Träumer völlig unattraktiv ist.

Der kleine Reporter ärgert sich nicht nur gern, er träumt auch gerne. Also erträumt er sich eine neue Utopie. Die Utopie einer Alpenrepublik, die von Genf bis Salzburg reicht und die sperrig und widerborstig im Herzen dieses grossen, grossartigen Europas der Grosskonzerne und Kleingeister liegt. Eine föderalistisch organisierte und neutrale Alpenrepublik erträumt er sich, die die Verkehrswege zwischen Süd und Nord kontrolliert und mit den Alpenpässen als Pfand vom übrigen Europa ökologische Vernunft erzwingt; ein Land erträumt er, in dem sich Mensch und Natur Besinnung gönnen.

Utopien dürfen wie Träume sein; und Träume dürfen überborden. So ist des kleinen Reporters Alpenrepublik ein freies, offenes Land, durch das die phantastischen Ideen wie frische Brisen wehen und Geist und Kunst den Tanz ums Goldene Kalb verdrängen. Eine kleine, grosse Gegenwelt, die Toleranz und Menschenwürde pflegt.

Diese Alpenrepublik ist Utopia, das stille Auge im Hurrikan.

Wie der kleine Reporter am nächsten Tag erwacht, ist der Ärger verflogen. Er steht auf und macht sich ans Werk, um als nützliches Mitglied Europas nützliche Leistungen zu erbringen.

Schreibe: Worin unterscheidet sich ein Träumer von einem Spinner? Wie viele Wirklichkeiten haben in einem Kopf Platz? Beschreibe dein Utopia!

Merke: Misch dich nicht in fremde Händel!

Lektion XVI: Von der Pflicht

Auf der Suche nach dem idealen Klang kommt der kleine Reporter nach Cremona. Cremona liegt beinahe am Po, beinahe in der Nähe von Mailand und beinahe auf einem Hügel. Cremona ist beinahe die reichste Stadt Italiens und wirklich bekannt für seine Geigenbautradition. Die Guaneri, die Amati und Stradivari wirkten hier, vor sehr langer Zeit allerdings; neuerdings gibt es eine Geigenbauschule, etliche Geigenbaumuseen und einige hundert Geigenbaumeister.

Der kleine Reporter fragt einen Physiker, der seit Jahren mit wissenschaftlichen Methoden das Geheimnis des Wohlklangs berühmter Violinen zu lüften sucht, nach den Ergebnissen seiner Bemühungen. »Nennen Sie es Magie, Alchimie, Zauberei oder das Unbeschreibbare«, beschliesst der Physiker seine Ausführungen, »es bleibt jedenfalls ein Geheimnis, das sich den Erklärungsmustern der Wissenschaft entzieht.«

Das freut den kleinen Reporter. Er setzt sich voll freudiger Erwartung in den »Saal der Violinen». Im hellen Raum mit Tonnengewölben und grauen Marmorsäulen stehen fünf Schaukästen aus Glas, in denen die *Carlo IX di Francia* von Andrea Amati, die *l'Hammerle* von Nicola Amati, ein Instrument von Giuseppe Guaneri dem Älteren und eines von Giuseppe Guaneri, genannt Gesù, und die *Cremonese ex Joachim* von Antonio Stradivari hängen. Sie müssen regelmässig gespielt werden, damit sie nicht kaputtgehen.

Der einzige Mensch, der das darf, betritt den Saal. Er nimmt die Stradivari *ex Joachim* heraus und stellt sich unter den Mittelbogen. Der kleine Reporter setzt sich in einen Sessel, um zu lauschen, zu geniessen, den idealen Klang in sich aufzusaugen und mit nach Hause zu tragen.

Und stürzt in einen Albtraum. Der Mensch spielt schlecht. Der Mensch spielt scheusslich. Der Mensch spielt miserabel und mit gelangweilter Arroganz. Er hält seine Zuhörer offenbar für unmusikalische Idioten. Der Mensch erfüllt nur noch eine lästige Pflicht.

Welch ungeheurer Frevel, denkt der kleine Reporter, während der Mensch die Violine schon in den Schaukasten hängt und aus dem Saal eilt, als ekle er sich vor den Instrumenten.

Schreibe: Wieso ist ein Mensch, der immer nur seine Pflicht tut, auch noch im Recht? Welche Pflicht ist dir besonders lästig? Wo Unrecht zu Recht wird, wird Widerstand zur Pflicht: Was bedeutet dieser Satz gestern, heute, morgen?

Merke: Fremde Federn schmücken schön!

Lektion XVII: Von wichtigen Terminen

Es ist Donnerstag, fünfzehn Uhr zehn.
Der kleine Reporter sitzt im Büro am Schreibtisch und starrt seinen Computer an. Der Computer starrt zurück. Draussen ist lichter Frühling. Gelächter dringt durch offene Fenster. Gerüche verlocken, Musik. Der kleine Reporter hat Abgabetermin. In knappen fünfzig Minuten.
Das Telefon klingelt. Der kleine Reporter hebt ab. Er hört die Stimme der Freundin einer Freundin, die wissen will, wer, was, wann, wo, warum und wieso. Der kleine Reporter versucht das Gespräch zu beenden, ohne die Gebote der Höflichkeit zu sehr zu verletzen. Die Freundin einer Freundin braucht lange, bis sie versteht. Endlich legt sie auf.
Der kleine Reporter konzentriert sich. Der Computer starrt kalt, leer, unbeteiligt. Wenn sich ein Anfang fände. »Lektion siebzehn«, schreibt er, »Von ...«. Das Telefon klingelt. Er hebt ab. Es ist die Stimme der Freundin einer Freundin. Sie entschuldigt sich, ihn eben so lange aufgehalten zu haben. Sie entschuldigt sich, ihn schon wieder aufzuhalten. Ihr sei in den Sinn gekommen, dass man unbedingt und endlich von dieser Verlobung, von jenem Verkehr, vom Frühling im allgemeinen und natürlich vom Sinn des Lebens schreiben müsse. Sie hoffe, ihm damit zu helfen, vor allem der Sinn des Lebens liege ihr schon lange am Herzen. Der kleine Reporter brummt seinen Dank und legt auf.
Es ist schon halb vier.
Der kleine Reporter geht durch seine Notizen. Er wandert, verläuft und verirrt sich, findet den Ausgang nicht. Dort, wo sich das Papier besonders dick stapelt, hat eine Mäusefamilie ihr Heim bezogen. Die Kleinen rennen ihm in die Hosenbeine, die Eltern schelten mild. Der kleine Reporter klagt sein Leid, die Mäuse nicken besorgt. Sie beraten sich und wissen schnellen Rat. Sie beissen Buchstaben aus den Notizen und türmen die Buch-

staben vor ihm auf. Er muss sie nur noch aneinanderfügen, schon ist die Arbeit getan.

Es ist erst fünf vor vier.

Schreibe: Wie viele Buchstaben kennst du? Kombiniere sie, sooft du kannst. Wann wird Sprache Ewigkeit? An welchem Punkt entzieht sich Ewigkeit menschlichem Verstand?

Merke: Papier ist geduldig, der Leser nicht!

Lektion XVIII:
Von wichtigen Terminen (II)

Es ist Donnerstag, fünfzehn Uhr zehn, fünfzig Minuten vor Abgabetermin.
Der kleine Reporter sitzt im Büro am Schreibtisch und starrt seinen Computer an. Der Computer starrt zurück. Der kleine Reporter gähnt. Der Computer spricht.
»Hallo«, sagt der Computer.
»Hallo«, sagt der kleine Reporter. Er ist nicht im geringsten erstaunt. Er hat nämlich etwas gelernt. Er hat gelernt, sich nicht mehr unvorbereitet in heikle Situationen zu begeben. Deshalb hat ihm sein Freund Sam ein kluges Programm installiert, das nicht nur sprechen, lesen und schreiben, sondern sogar denken kann. Samson l wird in Zukunft dem kleinen Reporter die Arbeit erledigen.
»Wie geht es dir?« fragt Samson l.
»Gut«, sagt der kleine Reporter.
»Das ist schön.«
»Ich muss in fünfundvierzig Minuten einen Bericht faxen«, lacht der kleine Reporter, »du machst besser voran.«
»Schreiben wir eine Geschichte über Fussball«, schlägt Samson l vor. »Das machen jetzt alle.«
»Geht nicht«, antwortet der kleine Reporter, »die Redaktion hat es mir verboten.«
»Schade. Wie wär's mit Fussabstreifer, Fussboden, Fussbodenbelag, Fussbodenheizung, Fussbodenpflege, Fussbodenschleiferei, Fussbodenschleifmaschine, Fussbodenschleifmaschinenverleih, Fussbodenschleifpapier oder Fusspflegesalons?«
»Wo hast du denn das her? Aus dem Telefonbuch?«
»Nein, das wäre auch gar nicht möglich.«
»Wieso nicht?«
»Ein Buch«, erklärt Samson l dem kleinen Reporter, »ist ein motorisiertes Fahrzeug, mit dem man über rauhes Terrain fährt.«

»Wo hast du das her?«

»Steht so in meinem Programm. Buch: motorisiertes Fahrzeug, mit dem man über rauhes Terrain fährt.«

»Das ist Unsinn. Ein motorisiertes Fahrzeug, mit dem man über rauhes Terrain fährt, ist ein Geländewagen. Merk dir das.«

»So?« Samson 1 ist nachdenklich. »Dann ist ein Geländewagen also nicht ein bandförmiges Lebensmittel aus Hartweizengriess?«

»Nein, das sind Nudeln.«

»Nudeln? Ich dachte. Nudeln ist die Pflichtversicherung für Arbeiter und Angestellte zur Regelung der Alters- und Hinterbliebenenversorgung sowie zur Versorgung bei Invalidität.«

»Mach dich nicht lächerlich! Das ist die AHV und ...«

»Tut mir leid. Ich habe in meinem Programm keine Abkürzungen. Weisst du übrigens, wie spät es ist? Es ist schon nach vier. Haha! Bist du jetzt in Schwierigkeiten?«

Wütend reisst der kleine Reporter den Computer vom Netz.

Schreibe: Nach welchen Kriterien entscheiden Menschen, Blauwale, Würmer, wann ein wichtiger Termin ebensowichtig ist wie ein anderer wichtiger Termin und ein unwichtiger Termin ebenso unwichtig wie ein anderer unwichtiger Termin? Und wodurch unterscheiden sich diese Kriterien, wenn man die Relevanz der Medien Wasser, Erde, Luft vernachlässigt?

Merke: Wenn's passt, dann passt's.

Lektion XIX: Von Skunk

Die Stadt liebt Gerüchte, sie wispern durch die Stadt wie heisser Puszta-Staub und dringen in geheimste Winkel. Skunk, flüstert es, Skunk ist da, Skunk ist gut. Skunk ist aus Holland und eine Sensation.

Auch der kleine Reporter hört von Skunk. Er hat Skunk zu finden. Er befragt Freunde und Fremde. Viele haben gehört, keiner hat gesehen.

Die Polizei weiss alles, denkt der kleine Reporter und geht zum Präsidenten. Es sei noch zu keiner Behändigung gekommen, sagt der Präsident, aber man halte die Ohren offen. Der kleine Reporter geht ins Musikcafé, weil dort irgendwann alles einkehrt. Kürzlich habe einer, erfährt er vom Geschäftsführer, vor der Tür Skunk verkauft. Es sei offenbar phantastisch, er habe es leider nicht selber probiert.

Auch während einer Abendgesellschaft kommt die Rede auf Skunk. Ein bekannter Biologe klärt auf. Skunk sei das Phantasie-Produkt einer Zeit, die sich an Genmanipulationen zu gewöhnen beginne. Wenn man Tomaten zu Supertomaten manipuliere, so müsse doch Hanf zu Superhanf, Skunk, werden. Die Wirklichkeit sei anders. »Genmanipulation im Heimlabor«, doziert der Biologe, »gleicht der Suche nach der Stecknadel in Heugebirgen. Gezielte Genmanipulation ist ein ungeheuer aufwendiges und ungeheuer teures Unterfangen.« Niemand sei dazu bereit, solange das Produkt nicht legal vertrieben werden könne, sich aber mittels einfacher Züchtung wunderbar veredeln lasse. Er selber züchte Hanf in der neunten Generation mit grossem Erfolg.

Der Biologe rollt einen Joint, die Abendgesellschaft raucht.

Der kleine Reporter erzählt die Geschichte dem Werbefachmann Fritz U. Fritz U. meint: »Wenn ein Produkt, das es nicht gibt, bereits einen Namen hat, und wenn es gelingt, diesen Namen publik zu machen, dann ist die Wahrscheinlichkeit, dass früher oder später der Name mit einem Produkt gefüllt wird, ziemlich hoch.«

Schreibe: Wieso ist der Anbau von Hanf in vielen Ländern verboten, obwohl Hanf für die Papier-, Seil- und Genussmittelindustrie und für die Medizin von Nutzen wäre? In welchen Ländern ist der Anbau von Hanf nicht verboten? Besuche eines und beschreibe einen Tag im Leben eines Hanfbauern.

Merke: Alles Leben ist Halluzination.

Lektion XX: Von der Gerechtigkeit

Wieder einmal mischt sich der kleine Reporter in die Belange seiner grossen Kollegen. Nicht etwa aus Grössenwahn, sondern weil er sich ärgert. Er ärgert sich, weil die grossen Kollegen einen groben Verstoss gegen die Rechtsordnung ausschliesslich als zivilrechtliches Spektakel abhandeln. Er ärgert sich, weil niemand Sühne verlangt.

Es geht um Fälschung und Betrug. Es geht um Kunstwerke, die Joseph Beuys in Wien geschaffen haben soll. Nach Beuys' Tod gelangten sie unter dem Namen »Wiener Block« ans Licht der Öffentlichkeit und wurden alsbald von Experten als Fälschung disqualifiziert. Ins Gerede kamen ein Wiener Galerist und der Rektor der Wiener Kunsthochschule, ein Tiroler Maier, der gerne auf seine enge Freundschaft mit Beuys verweist. Auf ihm vor allem lastet seither Verdacht.

Die Affäre schlug in der Kunstszene hohe Wellen, als ein Gericht entschied, dass im Zusammenhang mit dem »Wiener Block« von Fälschung gesprochen werden dürfe. Die Affäre geriet zum Spektakel, weil Betrüger und Betrogene sich in bizarre Pattsituationen manövrierten, die befürchten lassen, dass allen am besten gedient wäre, wenn die Wahrheit nie ans Tageslicht kommt. Das Spektakel verkam zum Witz, über den inzwischen niemand mehr lacht. Und wer nicht lacht, vergisst.

Der kleine Reporter vergisst nicht; ihm geht es ums Recht und um die Gerechtigkeit. Also mischt er sich ein.

Er telefoniert mit der Generalanwältin von der Strafabteilung des Bundesministeriums für Justiz und erkundigt sich, ob von Amtes wegen gehandelt worden sei. Die Generalanwältin kennt den Fall nicht, ihres Wissens ist ihr Ministerium nicht tätig. Sie erklärt, dass Betrug (§ 146ff. Strafgesetz) ein Offizialdelikt sei, was bedeute, dass die Staatsanwaltschaft von sich aus tätig werden könne, allerdings nicht müsse. Sie gibt den § 84 der Strafprozessordnung zu bedenken, der jedem Beamten die Verpflichtung überantwortet, bei Verdacht einer Straftat die Staatsanwaltschaft zu informieren. Sie empfiehlt, die Staatsanwaltschaft Wien zu befragen.

Die Staatsanwaltschaft Wien bittet um Geduld. Man müsse den Computer befragen. Zehn Minuten später bestätigt man, dass im Computer zur Person des Verdächtigen nichts anhängig sei. Man bestätigt die Ansicht der Generalanwältin, dass die Fälschung eines Kunstwerks unter § 146ff. zu subsumieren sei, und fügt hinzu, dass auch § 147 (Urkundenfälschung) Anwendung finde, wenn Dokumente erstellt würden, die fälschlicherweise die Echtheit des Kunstwerkes bestätigten. Man kann sich nicht recht vorstellen, wieso es bisher zu keiner Anzeige gekommen ist.

Dr. H. vom Ministerium für Wissenschaft und Forschung sieht als Vertreter der Aufsichtsbehörde der Hochschulen keinen Handlungsbedarf. Man sei der Meinung, der Verdächtigte habe als Rektor der Hochschule keinen Schaden verursacht. Man sei vom Fall also nicht betroffen. Dem § 84 Strafprozessordnung messe man in diesem Zusammenhang keine Bedeutung bei. Zudem sei keineswegs bewiesen, dass der Verdächtige sich tatsächlich schuldig gemacht habe.

Gerade das sei doch Aufgabe eines Strafprozesses, nämlich Schuld oder Unschuld eines Verdächtigen zu beweisen, ereifert sich der kleine Reporter.

Das ändere an der Haltung des Ministeriums nichts, entgegnet Dr. H. Im übrigen warte man das Ergebnis des zivilrechtlichen Verfahrens ab. Es scheint ihn nicht zu interessieren, dass der ganze Fall strafrechtlich bald verjährt ist.

Schreibe: Man behauptet, die Zeit fresse ihre Kinder. Gerechtigkeit ist aus der Sprachwurzel Recht entstanden, das Recht ist also älter als die Gerechtigkeit. Bedeutet das, dass Recht Gerechtigkeit verspeist? Und was scheidet das Recht aus, wenn die Gerechtigkeit verdaut ist?

Merke: Es ist nie aller Tage Abend!

Lektion XXI: Vom Ernten

Hörst du den schrillen Schrei der Schmetterlinge, wenn sie mit brüchigen Flügeln vom Himmel in die Erde stürzen? Riechst du das kalte Gift der Herbstzeitlose unter fahler Mittagssonne? Kennst du das Pathos, das im Jahreszeitenwechsel in die Seelen kommt? Erntezeit! Das grosse Sterben. Tod und Wiederkehr.

Dem Stadtmenschen ist immer Erntezeit im Supermarkt ums Eck. Deshalb kennt er die Sehnsucht. Voll davon steckte der kleine Reporter im März einige Samen in sandigen Grund. Schwer ging er mit dem schweren Schritt des Bauern die vier Schritte balkonauf, balkonab und strich mit rauhen Fingerkuppen über den grünen Basilikum, der unglaublich grün grünte diesen wunderbaren Sommer lang: Alles trieb, alles gedieh, alles trug.

Die zarten Stengel sind verholzt: schnipp, schnapp, Basilikum ab. Wie ein Mörder fühlt man sich, wenn die Pflanzen fallen, weinen, klagen.

Die Blätter hacken, Olivenöl, ein wenig Salz, Pfeffer: ein einziges kleines Glas pesto für einen ganzen Sommer der Pflege und Geduld. Mit wem wird man es teilen, was wird der Winter bringen?

Schreibe: Wie lange braucht ein Blatt, um auf den Boden zu fallen? Wie oft dreht es sich dabei um die eigene Achse? Was sagt der Wind, der es von dannen trägt?

Merke: Es ist schneller Frühling, als man denkt.

Lektion XXII: Von der Nervosität

Der kleine Reporter recherchiert im Theatermilieu. Um die Atmosphäre richtig verstehen zu können, übernimmt er eine kleine Rolle.

Er muss auftreten, ein Brötchen essen, die Hauptdarstellerin von hier nach dort tragen, ein Leintuch und einen Schleier wegräumen, Zeitung lesen, der Hauptdarstellerin einen Kübel mit Kopfsteinen abnehmen, Kerzen auslöschen, sich auf einen Fernsehapparat setzen, den Diaprojektor einstecken, Plastiktüten von der Decke lassen, einen Schemel hinaustragen, mit einem Glas Bier auftreten, mit einem zweiten Nebendarsteller anstossen, stehen und warten, das Bier wegstellen, den Diaprojektor versorgen, die Plastiktüten aus dem Raum wischen, eine kurze Pause machen, Flossen und eine Lampe auf Fernsehgeräte legen, den Lachsack betätigen, mit den Fingern schnippen, »*Okay*« sagen, die Lampe, einen Stab und einen schwarzen Mantel wegschaffen, pausieren, eine Leiter aufstellen, einen Gartenzwerg umräumen, die Leiter abbauen, Türen schliessen, eine längere Pause machen, sich auf eine Bierkiste setzen, der Hauptdarstellerin den Schemel vom Rücken nehmen, sie darauf stellen, ihre Arme in bestimmte Positionen biegen, einen Mixer in ihre Hand geben, mit einer elektrischen Bohrmaschine Lärm machen, ein Geweih auf einen Fernseher stellen, Kerzen anzünden, den Fernsehton auf- und wieder abdrehen, der Hauptdarstellerin das Geweih wegnehmen, es an die Wand hängen und mit der Taschenlampe beleuchten.

Der kleine Reporter trägt die Uniform eines Müllmannes und ist vor der Premiere unglaublich nervös, obwohl das, was er zu tun hat, ganz einfach und logisch ist.

Es geht alles gut, bis er das eine Wort sagen muss. *Okay*. Da greift ihm eine Hand an die Kehle und drückt zu. Keinen Ton bringt er heraus, statt dessen rinnt Schweiss aus allen Poren.

Die Aufführung ist trotzdem ein Erfolg, weil die Hauptdarstellerin während ihrer vielen, vielen, vielen Worte keine Hand an der Kehle spürt. Die Hauptdarstellerin ist Schauspielerin, und der kleine Reporter schwört, in Zukunft bei seinen Leisten zu bleiben.

Schreibe: Was macht dich nervös? Wieso macht dich ausgerechnet das nervös? Was tust du dagegen? Wann ist es dir zum letztenmal passiert und wer hat dich dabei ertappt?

Merke: Wissen, das nicht zur Tat wird, ist gefährlich!

Lektion XXIII: Vom schwarzen Schnee

Als der kleine Reporter am 3. Dezember Zürich verliess, war es sehr kalt und sehr schön, die Stadt sagte mit der wunderhübschesten Beleuchtung und sagenhaftem Überfluss *adieu*.

Als der kleine Reporter am 4. Dezember in Harare ankam, war es sehr schön und sehr heiss, Hochsommer halt. Harare liegt in Simbabwe, welches das Paradies des südlichen Afrika ist. Der kleine Reporter hatte gelesen, dass die Menschen hier katholisch und anglikanisch, jedenfalls christlich seien; und weil der 4. Dezember ein Sonntag war, schlugen richtig einigenortsher Kirchenglocken. Sonst wies nichts auf Advent und Weihnachten hin, keine Schaufensterdekorationen, kein Lichtermeer, keine Schenkhysterie. Das Leben nahm sommerlichen Verlauf.

Am Abend ging der kleine Reporter in den *Queens Garden*, wo eine lokale Formation Tanzmusik spielte und viele Menschen mit sehr dunkler Haut sich sehr vergnügten. Das vergnügte auch den kleinen Reporter sehr. Als er sich ins Hotel begab, war schon afrikanische Nacht, und er hatte Hunger.

Das Restaurant des Hotels hätte in Zürich oder sonstwo sein können. Es war von jener gesichtslosen Internationalität, die jede Konversation in peinliches Geflüster wandelt. Obwohl das Essen gut war, schien sich niemand zu vergnügen.

Aus hübsch kaschierten Lautsprechern rieselte unerbittlich und endlos Weihnachtsmusik, bis dem kleinen Reporter das Steak zur klebrigen Zuckermasse wurde.

Schreibe: Angenommen, Weihnachten ist im Sommer und es schneit schwarzen Schnee – wärst du dann auch froh? Würdest du dann noch an irgend etwas glauben wollen? Woran?

Merke: Der Nabel der Welt ist immer dort, wo du nicht bist.

Lektion XXIV: Vom Regen

Der Damm ist 128 Meter hoch und 617 Meter lang. Der Fluss, den er staut, heisst Sambesi und ist, nach dem Nil, dem Kongo und dem Niger, der viertlängste Afrikas. Es dauerte viele Jahre, bis der Damm 150 Milliarden Kubikmeter Wasser zu einem See gesammelt hatte, der schliesslich 300 Kilometer lang und 20 bis 30 Kilometer breit wurde. Dabei versank für viele eine Heimat, während für Flusspferde, Krokodile, Frösche, Wasservögel und Motorboote eine neue Heimat entstand. Das ist die eine Seite.

Die andere Seite ist, dass der Spiegel des Sees um 5 Meter gesunken ist, weil es zuwenig regnet. Alle warten auf Regen, denn jetzt ist Regenzeit, aber es regnet nicht, es hat seit Jahren nicht geregnet. »Wenn es dieses Jahr nicht regnet«, sagen die Leute hier, »oder wenigstens nächstes Jahr, dann wird es sehr schlimm.« Dürre droht und Hunger. Tod.

Trotzdem sind alle heiter. Es wird schon regnen, irgendwann wird es regnen. Allerdings wird das Wort »Regen« jetzt nicht mehr ausgesprochen, wenn abends die schwarzen Wolken aufziehen, wenn es blitzt und kracht, wenn der See wütende Wellen wirft, wenn es regnen will und will und wieder kein Regen fällt. Vielleicht ist es ein Aberglauben oder eine Erinnerung: Du sollst den Namen des Herrn nicht im Munde tragen! Der Regen ist der Herr.

Also redet man noch von der Sache, von der nassen Sache, bald wohl nur noch *davon*. Es muss vom Himmel fallen, bald, ganz bestimmt. – Wenn die Wolken abgezogen sind, wenn die Enttäuschung aus den Augen verschwunden ist, wenn schon wieder Hoffnung *darauf* keimt, dann ist schon finstere Nacht. Sternlos seit dem letzten Vollmond. Sternlos ist gut, sternlos bedeutet: der Himmel ist bedeckt.

Morgen also, oder übermorgen; *das* braucht Zeit, bis es sich richtig aufgebaut hat, das braucht sehr viel Zeit.

Schreibe: Was geschieht, wenn aus einer Gefahr ein Problem, aus einem Problem eine Krise, aus einer Krise eine Katastrophe wird? Wer ist verantwortlich, wenn niemand mehr Verantwortung übernehmen will, kann, muss, darf?

Merke: Es braucht Wasser, um gegen den Strom zu schwimmen.

Lektion XXV: Vom Warten

Der kleine Reporter ist unterwegs von Harare, Simbabwes Hauptstadt, nach Windhoek in Namibia, wo er den Einfluss des Deutschen im allgemeinen und deutschen Biers im besonderen auf die lokale Kultur untersuchen will. Weil sich der Spesenrahmen des kleinen Reporters von dem seiner grossen Kollegen gewaltig unterscheidet, fliegt er nicht, sondern hat bisher tausendsechshundert Kilometer auf den Ladeflächen von vielen Kleintransportern zurückgelegt, recht flott übrigens, jedenfalls stand er selten länger als eine Stunde und kam auf den stolzen Schnitt von beinahe vierhundert Kilometern pro Tag.

Jetzt ist er in Ghanzi. Ghanzi liegt am Rand der Kalahari, in Botswana also, und nur zweihundert Kilometer vor dem Grenzübergang nach Namibia. Ghanzi, das sind einige Lagerhäuser, einige Steinhäuser und viele strohgedeckte Lehmhütten entlang einer staubigen Wüstenpiste. Hinter dem Ortsende von Ghanzi ist eine Bushaltestelle, an der seit Jahren kein Bus mehr hielt, weil die Linie wegen extremer Unrentabilität eingestellt wurde: Ghanzi liegt am Ende der Welt.

Die Bushaltestelle besteht aus einem Wellblechverschlag, einem müllübersäten Schotterplatz und einem rostigen Schild mit der Aufschrift »Bus«. Hier sitzt der kleine Reporter seit sieben Stunden und wartet auf Transport. Er schwitzt und leidet, weil er die Hitze der Kalahari nicht gewohnt ist. Er ist auch dieses Warten nicht gewohnt. – Mit dem kleinen Reporter warten zwanzig Menschen am Strassenrand. Vor fünf Stunden fuhren zwei Lastwagen vorbei. Sie waren voll und hielten nicht an. Vor zwei Stunden hielt ein Kleintransporter. Der Fahrer sagte, er fahre nur bis zur nächsten Farm.

Wartend schliesst man Freundschaften, zumal die Menschen sehr freundlich sind. Sie sind viel kleiner und viel zierlicher als der kleine Reporter, Nachfahren der berühmten Kalahari-Buschmenschen, die man nun sesshaft macht. Die Buschmenschen schnalzen beim Reden mit der Zunge und lachen oft. Sie sind das Warten gewohnt, tagelang warten sie auf Transport, jahrelang auf Regen und ein Leben lang auf Gerechtigkeit, die ihnen nie mehr widerfahren wird.

Dada wartet seit drei Tagen. Er hat ein kleines Beil und einen Meter Plastikrohr gekauft, mit dem er zu Hause irgend etwas machen will; viel versteht der kleine Reporter nicht von dem, was Dada sagt. – Wie das Warten in die neunte Stunde kommt, meint Dada, dass heute nichts mehr gehe. Bald falle die Nacht, er müsse einen Schlafplatz suchen. Die Buschmenschen stützen beim Schlafen den Kopf in eine Hand, um die Gehörgänge vor Insekten zu schützen. Der kleine Reporter ist kein Buschmensch. Ihm ist der Gedanke, die Nacht allein in dieser Wüste zu verbringen, nicht sehr geheuer. Die Stunden, die er hier wartete, werden ihm wie Augenblicke erscheinen im Vergleich zum grossen Warten auf den nächsten Tag.

Schreibe: Fahre von A nach Z und zähle, wie oft du warten musst. Beschreibe die quantitativen und qualitativen Differenzen der einzelnen Wartephasen. Bewerte sie. Begründe. Mit wem möchtest du am liebsten deinen Tod erwarten? Warum?

Merke: Das Ende des Weges ist sein Beginn.

Lektion XXVI: Von den Ahnen

Die Tonga leben im Tal des Sambesi im südlichen Afrika. Die Tonga glauben, dass ein Sterbender seine Seele einem Verwandten vererbt, dem sie dann wie ein Schatten folgt. Naturgemäss wird die Reihe der Schatten hinter einem Lebendigen immer länger, weil beispielsweise ein Vater, wenn er stirbt, nicht nur seinen eigenen Schatten, sondern auch all jene, die ihm bisher selber folgten, an den Sohn vererbt. Damit die Reihe der Schatten nicht so lang wird, dass es beschweren könnte, ziehen sich die Ahnen mit der längsten Todeszeit auf Affenbrotbäume zurück, um Platz für jüngere Schatten zu machen.

Vor zehn Jahren wurde der Sambesi durch einen Damm zum gewaltigen Karibasee gestaut, dessen Länge zu durchmessen eine moderne Fähre vierundzwanzig Stunden braucht. Im Karibasee versanken damals neben den übrigen Wäldern auch die Affenbrotbäume und die Ahnen der Tonga.

Weil die Tonga die Vergangenheit verloren, wurde ihnen die Zukunft um so wichtiger. Und in dieser Zukunft wird Nyaminyami eine bedeutende Rolle spielen. Nyaminyami ist ein mächtiger Gott mit Schlangenleib und Menschengesicht, der in den Bergen entlang des Sambesi lebt. Wenn sich Nyaminyami bewegt, rumpelt die Erde. Wenn die Erde zu sehr rumpelt, droht dem Damm Gefahr. Die Tonga hoffen, dass eines Tages die Erde so lange rumpelt, bis der Damm birst. Dann wird das Wasser aus dem See fliessen, die Affenbrotbäume kommen wieder zu Tag.

Es war dem kleinen Reporter nicht möglich, eine definitive Aussage auf die Frage zu erhalten, ob mit den Affenbrotbäumen auch die Ahnen auftauchen werden. Es war überhaupt schwierig, von den Tonga irgendwelche präzisen Antworten zu erhalten. Vielleicht liegt das am Marihuana. Früher rauchten die Tonga Marihuana rituell, seit dem Untergang ihrer Ahnen tun sie es ständig. Eines allerdings ist offensichtlich: Die Tonga freuen sich auf den Moment, wenn der Damm brechen wird, weil dann jene, die Nutzniesser der Zerstörung ihres Landes wurden, plötzlich selber Ahnen sein werden.

Schreibe: Wähle einen aus der Schattenreihe deiner Ahnen und verfasse einen Lebenslauf in der Form des Nachrufs, des Enthüllungsreports, des Polizeiberichts, der Sozialreportage. Verdichte die Höhepunkte und die grössten Verzweiflungen dieser Biographie zu einem Heldenepos.

Merke: Niemand neint nicht niemals nirgends.

Lektion XXVII:
Vom fernen Donnergrollen

Unter seiner Terrasse ist ein wilder Garten, der an eine kleine Strasse grenzt, hinter der eine Automobilwerkstätte steht, an die das Dorf stösst, das Svirce heisst. Von Svirce sieht er die vielen roten Ziegeldächer und die Kirche und den Turm.

Svirce liegt in einem offenen, freundlichen Tal voller Weingärten, das sich sanft nach Jelsa hinabneigt, zur Küste. Linkerhand wird das Tal von einem andern kleinen Tal begrenzt, rechterhand von einem kleinen Karstgebirge (vieles hier ist klein; und das meiste davon freundlich, hübsch, gepflegt), aber bevor der Blick das Gebirglein erreicht, bleibt er an einem Hügel hängen, an dessen Kuppe sich Vrsnik klammert, ganz oben thront die Kirche.

Den Blick erfreut das viele Schöne.

Hinter Jelsa öffnet sich eine kleine Bucht in ein schmales Wasser, azurblau oft, oft auch nebelverhangen. Dahinter klettert die Festlandküste schnell in ein schroffes Karstgebirge, darüber ist Himmel.

Könnte der Blick dieses Gebirge durchdringen, sähe er nach Mostar und bis nach Sarajewo, wo Krieg ist. Aber er kann nicht durch das Gebirge hindurch. Vom Krieg sieht er nichts; man hört auch nichts, nicht einmal ein fernes Donnergrollen.

So sitzt er sorglos auf seiner Terrasse, die über Svirce schwebt, das auf der Insel Hvar steht, die zu Dalmatien gehört, welches ein Teil von Kroatien ist und wo dicht am Krieg schönster stillster Frieden herrscht.

Weil er ein kleiner Reporter ist, fragt er die Einheimischen, was dort drüben hinter dem Gebirgszug los sei. Bumbum, sagen sie, Bosnia! Und zucken mit den Schultern.

Schreibe: Muss, wer die Redewendung »es herrscht Frieden« gebraucht, hinnehmen, dass sich Menschen von diesem Joch befreien wollen? Suche Redewendungen, die der Idee des Friedens entsprechen, ohne bei blutleeren Formulierungen wie »es ist Frieden« Zuflucht zu nehmen.

Merke: Oft stellen Geringfügigkeiten das Ganze in Frage.

Lektion XXVIII: Von der Hitze

Die Donauinselmalaria (Gelenkschmerzen, Schädelschmerzen, Augenschmerzen, Fieber, Halluzinationen, allgemeine Schwäche) heilt in vierundzwanzig Stunden. Ruhe, Schatten und Leichtigkeiten helfen gegen Hirnhitze und Schweiss, der das Fliessen verlernte; der war nie reich, der niemals was verlor! Die Aktion in der Umkleidekabine eines öffentlichen Schwimmbades war auch nicht, was soll ich weitererzählen ...

Die achtundzwanzigste Lektion befasst sich mit Buchstaben. Lerne sie schnell und vollständig!

Achtung: Verwechslungen sind lästig. Wer das i für ein u hält und a mit z vertauscht, wurd zlsbzld znstehen.

Seriosität und Sommer!

Schreibe: Nichts.

Merke: Weniger.

Lektion XXIX: Vom Müssiggang

Entfällt!
   Schreibe:
   Merke: Oh Nichtstun! Oh Müssiggang! Oh aller Tugenden Anfang!

Lektion XXX: Vom alten Hund

Wenn der Maler M. S. am Ufer sitzt und über den Strom blickt. Es ist dort drüben alles, wie es sein muss, weil es ist, wie es will. Es gibt dort drüben keine Wahrheit, nur Sauberkeit. M. S. hat die traurigen Augen eines alten Hundes und Massenmörders Augenbrauen. Sonst ist er ein schüchterner Mensch. Wenn er am Ufer sitzt und über den Strom blickt.

Zu den vielen Leuten, die auch Bilder malen. Zu den vielen Leuten, die Rasenmäher fahren. Den vielen Köchen, dass man denken möchte, wieso noch blaue Blumen blöde blühen. Wären die Begriffe Hund, Massenmörder und schüchtern auf dem Magnetstreifen seiner Passkarte gespeichert, hätte M. S. beim Über-den-Strom-setzen Probleme. Denn das Land, das er sieht, schafft neues Naturgesetz: Geld fliesst bergauf.

Friedrich Dürrenmatt: Entweder geht / die Welt zugrunde, / oder sie verschweizert ganz. M. S. ist Vorarlberger. Der Strom ist der Rhein. M. S. schläft morgens bis elf, »der echte Künstler ist keine Fleissmaschine, es kommt aus dem Handgelenk, spontan, gerempelte Personnagen sind die geborenen Künstler, Gefängnis, Skandal, Freudenhaus, Fahnenflucht sind kein Einwand, exotisch, wild, mit der Streitaxt, brutal« (Auch Hugo Ball starb. 1927 in Sant'Abbondio im Tessin in der Schweiz).

Schreibe: Ist Freiheit die Gnade, keine anderen Menschen um sich haben zu müssen? Ist M. S. glücklich? Ist die Farbe Blau kalt?

Merke: Das Paradies findet statt.

Lektion XXXI: Vom Völkerverbinden

Simbabwe – paradiesischer Fleck im südlichen Afrika; unabhängig und stolz seit fünfzehn Jahren –, Simbabwe also war erstmals Gastgeber der allafrikanischen Spiele, übrigens Nummer sechs, unter olympischen Ringen. In Simbabwes Hauptstadt Harare weilte auch der kleine Reporter, um Sportler aus sechsundvierzig Ländern (ungezählten Völkern) bei ihrer schweisstreibenden Arbeit zu bewundern und um zu sehen, wie sie rannten und sprangen und mit den verschiedensten Geräten hantierten.

Er sah erstaunliche Leistungen und groteske Überlegenheiten – die nigerianischen und kenyanischen Läufer; die weissen Südafrikaner in dem, was man technische Disziplinen nennen mag –, und er dachte am achten oder neunten Tag der Wettkämpfe, dass dieses Wetteifern um Zentimeter und Hundertstelsekunden mit der Zeit doch ein bisschen eindimensional werden kann.

So besuchte er am Abend des zehnten Tages das Konzert des westafrikanischen Musikers Ismael Lo. Das Publikum hüpfte und tanzte begeistert, es war zum Glück deutlich kleiner als der kleine Reporter und behinderte darum nicht seine Sicht.

Plötzlich allerdings sah er sich von vier Amazonen – nein: Walküren! –, von vier sehr, sehr grossen Mädchen mit sehr dunkler Haut, förmlich eingekesselt. Sie tanzten wild und waren schön und schienen glücklich.

Während einer Musikpause fragte der kleine Reporter, woher sie kämen. Senegal, sagten sie. Ob sie Sportlerinnen seien. Ja, Basketball, Gold! Dann spielte die Musik wieder, und der kleine Reporter tanzte mit allen. Er geriet in eine hervorragende Stimmung und hätte das Völkerverbinden gerne weitergetrieben, wenn er nicht unmittelbar nach dem Konzert nach Johannesburg ...

Am nächsten Tag las er in der Zeitung, dass Senegals Basketballspielerinnen tatsächlich im Final Moçambique 90:58 besiegt hatten. Seine Ohren glühten.

Schreibe: Beschreibe eine Begegnung mit einem Menschen aus einem anderen Kulturkreis: 1. aus deiner Sicht; 2. aus seiner/ihrer Sicht; 3. aus der Sicht eines Extraterrestrischen.

Merke: *O! pardon me, thou bleeding piece of earth, / That I am meek and gentle with these butchers.* (Julius Caesar, act III, scene 1)

Lektion XXXII: Vom Reiz des Schäbigen

Hinter touristischen Fassaden verbergen sich die Durchgänge und alten Gässchen. An der trübsten Stelle hockt ein monströses Parkhaus der allerersten Stunde. Davor klafft das Leere; eine Baulücke in Paris, eine Baulücke wie für die Ewigkeit.

In dieser Öde stehen Wohnwagen, ein paar Automobile, das brüchige Gehege für zwei Ponies und eine Ziege um ein Zelt: blaue Planen, die Einfassungen rot, gelbe Sterne, ein Zirkus, man fragt sich, welchen Glanz er bieten will. Meist ist sowieso alles still. Nur im Nachtdunkel scharen sich manchmal Männer ums Feuer. Es ist kalt.

Doch plötzlich wird's lebendig. Ein Generator brummt los, bunte Lämpchen leuchten, ins Zelt strömen Menschen und füllen es bald schon ganz, gespannte Erwartung, Kindergesichter. Endlich treten alle Artisten, tritt die ganze Sippe in die Manege, um Brüder, Töchter, Schwiegersöhne während ihrer Auftritte anzufeuern, mit Geige, Hackbrett, Kontrabass und Liedern, es ist ein Zigeunerzirkus, *le cirque tziganes Romanes*.

Die Darbietungen sind schlicht. Trotzdem flattert feiner Zauber ins Zelt, wenn Direktor Bouglione zum grössten – und einzigen – Höhepunkt der Raubtierdomptur seinen Kopf ins Maul einer Ziege steckt; wenn ein schwarzer Mann und eine weisse Frau sich im sinnlichen Tanz am Festtrapez finden; wenn eine helle Perserkatze übers Tau zu ihrem Frauchen klettert, um mit ihm in der Kuppel *études de balance* zu zeigen. Der Zauber flattert und lässt sich nieder und bleibt und mischt sich mit der Musik, bis man nach kurzen hundert Minuten in den Frost tritt. Schon wirft Nacht ihren Schleier über den schäbigen Platz.

Schreibe: Analysiere die Tränen eines Clowns, eines Pferdes, einer Tanzmaus. Was geschah mit der Dame ohne Unterleib?

Merke: Es geschieht, um aus der Versuchung zu entlassen.

Lektion XXXIII: Vom Recherchieren

Die Frau des kleinen Reporters wird dreissig. Der kleine Reporter möchte ihr die Welt zu Füssen legen und mehr. Zufällig hat er vor kurzem ein Gespräch mitgehört:

»Auf den ersten Blick gleicht es einer Industrieanlage«, sagte der Mann zu seinem Begleiter, »der zweite Blick beweist, dass es ein lichtdurchflutetes Hotel ist, das sich leicht und ruhig und fast unscheinbar in die karge niederösterreichische Landschaft fügt; transparent, modern, eine Wohltat im historisierenden Gastgewerbe-Einheitsbrei.«

»Und Sie haben ihr wirklich die Augen verbunden?« fragte der andere Mann.

»Selbstverständlich. Der Chauffeur ist einige Umwege gefahren, um sie zusätzlich zu verwirren, das Hotel liegt fünfundzwanzig Kilometer südöstlich von Wien, an einem Flüsschen namens Kalter Gang. Sie war hingerissen, der perfekte Hochzeitstag. Wir wohnten in der roten Suite. Wir wurden vom Küchenchef aufs unglaublichste verwöhnt. Es schneite, als wir auf dem gefrorenen Naturteich tanzten und über den verlassenen Golfplatz zum Schlosspark schlenderten.«

»Prächtig. Und welche Frau lässt sich nicht gern entführen! Wie heisst das Hotel?«

Das erfuhr der kleine Reporter nicht. Ein Kellner riss ihn aus dem Gespräch der beiden Herren am Nebentisch. Doch er hatte Informationen genug.

Und jetzt das. Die Frau des kleinen Reporters hat vor einer ganzen Weile das letzte Wort gesagt. Jetzt schweigt sie und kocht innerlich. Er kann es ihr nicht verdenken. Sie sitzt seit bald zwei Stunden mit verbundenen Augen neben ihm. Es regnet, die Strassen sind menschenleer, und in den trüben Wirtschaften versteht niemand, was er will, niemand kennt den Kalten Gang.

»Du hättest dich vorher erkundigen können«, faucht sie schliesslich, »mir reicht's, ich will sofort heim.«

Schreibe: Entführe dich an einen Ort deiner Wahl und beschreibe ihn für ein Architektur-, ein Gastro-, ein völkerkundliches und ein Naturfreundemagazin. Suche den gemeinsamen Nenner und das, was am meisten trennt.

Merke: Das Leben ist verschieden.

Lektion XXXIV: Vom richtigen Reisen

Der gute Reisende weiss nicht, wohin er geht, der ausgezeichnete Reisende weiss nicht, woher er kommt, sagt Lin Yutang, der es wissen muss. So rage ich, denkt der kleine Reporter, unter allen Reisenden weit heraus, weil ich weder das eine noch das andere weiss und dazu auch nicht weiss, wie ich herkam und wieso und wann, und wo ich bin.

Wie aus einer Ohnmacht erwachend oder zeitweiliger Umnachtung entrinnend, bin ich, auf einen – diesen – Punkt der Erde geworfen, plötzlich da, wo die Welt eine langgestreckte Fläche ist, die in ihrer ganzen Ausdehnung von einem breiten Strom durchflossen wird. Ringsum erheben sich hohe Gebirge, auf ihnen ruht als Platte der Himmel, von dem die Sterne als Lampen hängen; tags plagen und plagen und plagen die Fliegen.

So tritt an die Stelle der äusseren Wahrheit die innere, statt der Tatsächlichkeiten handeln die Taten des Geistes: es muss, weil so von ihrem Land die Pharaonen dachten, das hier Ägypten sein.

Schreibe: Erstelle eine Liste aller freundlichen Floskeln, mit denen du einen Fremden begrüssen und für eine Weile heimisch machen kannst.

Merke: Nachtwandelnd gehen Helden ihren Weg.

Lektion XXXV: Von Trugschlüssen

Nach einer ruhigen Woche in einer Oase wartet der kleine Reporter auf einen Kleinbus, der ihn nach Kairo bringen soll. Dabei hört er, was offenbar die ganze Welt bewegt, dass nämlich vor vier Tagen in Kairo einige Terroristen viele Touristen erschossen hätten.

Gegen vier taucht der erste Bus auf. Ob er nicht lieber den nächsten nehmen wolle, fragt der Fahrer, er habe einen Toten auf dem Dach. Nein, sagt der kleine Reporter, ihn störe das nicht. Der Fahrer erklärt, dass es sich um einen Landstreicher handle, der von M. her gekommen sei. Man habe ihn aufgegriffen und der Polizei übergeben. Dort sei er ebenso plötzlich wie unerwartet gestorben.

Sechs Stunden lang fahren acht Lebendige und eine Leiche durch die Wüste. In Kairo trennt man sich.

Am nächsten Tag erfährt der kleine Reporter aus einer Zeitung, dass es in M. ein schweres Gefecht zwischen Polizei und Terroristen gegeben habe. Die Polizei musste hohe Verluste hinnehmen; von den Terroristen entkam einer, verletzt.

Schreibe: Erfinde eine Schlagzeile und schlag sie einem Unbeteiligten um den Kopf. Beobachte seine Reaktion und beschreibe sie.

Merke: In der Wüste wächst kein Gras.

Lektion XXXVI: Vom Jassen

Ein Deutschschweizer, ein Welschschweizer und eine Dame aus der Steiermark treffen sich in Ismailia zum Jassen. Sie spielen Bieter, Pomme und Malesch, weil zum klassischen Schieber ein Vierter fehlt.

Ismailia ist, wo immer die Sonne scheint; vor allem liegt es am Suezkanal, wo es auch viel zu sehen gibt: Wasser aus zwei Meeren und gewaltige Schiffe, die unvermittelt aus ihrer Vergangenheit auftauchen und lautlos einem Geheimnis zustreben, von dem sie nichts verraten.

Der Welschschweizer gewinnt die Runde. Man legt die Karten zusammen, verlässt den Strandgarten und schlendert zur Fähre, die Afrika mit Asien verbindet. »Eine Runde hüben, eine drüben«, erklärt der Deutschschweizer, »gibt dem Spiel Dimension.«

»So ist das Leben«, ergänzt die Dame aus der Steiermark, »wenn sich das Herz ergiesst, strömt Welle auf Welle.« Schon landet die Fähre an. Man setzt sich ins Hafencafé, der Welschschweizer gibt – »quelle est la différence entre un ange?«

Schreibe: Wie definiert sich Heimat und was kann a) Andenschwingen, b) Hornussen auf den Great Plains und c) submarines Jodeln?

Merke: Was begreiflich ist, kann nicht Wahrheit sein.

Lektion XXXVII: Vom Unvermuteten

Der Tag des Throns fand zum sechsunddreissigsten Mal pünktlich am 3. März im ganzen Land statt, auch dort, wo man selber weilt, in dem fröhlich geschmückten Städtchen mit den Farben des Königreichs, dem grünen Fünfzackstern auf rotem Grund, und da waren Bürger, Fischer, Bauern sonder Zahl, festliche Kleidung, Reden, Musik, und auch wenn der Monarch selber sich in der fernen Hauptstadt aufhält, er ist trotzdem da: Auf einer Bühne, prächtig mit Teppichen ausgelegt, hängt er zentral als grosses Bild an der Wand, flankiert von bescheideneren Porträts der Prinzen.

Zur gleichen Zeit stand auf der viel gewaltigeren Weltbühne Dolly, der Klon.

Was während einer Pause des achtköpfigen Orchesters zu einer Blitzumfrage verleitete von einigermassen statistischer Relevanz, die ergab: 20 Prozent der Anwesenden ziehen einen duplizierten Hassan II. dem Erbprinzen vor, der doch ein arger Windbeutel sei; 100 Prozent hatten von Dolly und der neuen Welt noch nichts gehört. Der Tag des Throns klang um Mitternacht unter mildem Sternenhimmel heiter aus.

Schreibe: Starte Blitzumfragen zu den Themen a) Produktion oder Reproduktion? b) Klonen und Bevölkerungsexplosion; c) ein Platz in unserer Gesellschaft für Ramses, Tut-ench-Amun und andere mumifizierte DNS? Beweise mit den Ergebnissen eine Behauptung.

Merke: Feuer bringt's!

Lektion XXXVIII: Vom Sinnerschen Kreis

Die Essenz des Schweizerischen ist die Sauberkeit, ihr werden jährlich fünf Milliarden Franken geopfert. Nun ist Sauberkeit natürlich nicht einfach nur putzen, Sauberkeit ist die intensive Auseinandersetzung mit Oberflächen, was gelernt werden will, in Münchwilen zum Beispiel, dem Weltzentrum für Gebäudereinigung, wo man in Seminaren alles übers Kehrsaugen, Staubsaugen und Bürstensaugen, übers Nasswischen, Feuchtwischen, Nassscheuern und Scheuersaugen erfährt und selbstverständlich vieles mehr. Etwa, dass jeder Reinigungsvorgang von vier Faktoren abhängt, der Chemie, der Mechanik, der Zeit und der Temperatur, was Fachleute den Sinnerschen Kreis nennen, weil die Veränderung eines Faktors Veränderungen bei allen anderen mit sich zieht.

Wir waren dreissig Kursteilnehmer an diesem Tag, in bester Erinnerung ist mir die gespannte Aufmerksamkeit, mit der wir jeder Bewegung der unmittelbar vor der Pensionierung stehenden Expertin A. folgten, die mit dem ganzen Gewicht ihrer Erfahrung einen Holzboden in den Zustand absoluter Makellosigkeit versetzte. Sauberkeit ist eine ernste Sache. Uns war feierlich zumute, deshalb haben wir am Ende nicht applaudiert.

Schreibe: Überprüfe den Lehrsatz vom Sinnerschen Kreis, indem du bei der Reinigung deines Büros einen Faktor deiner Wahl veränderst. Beschreibe die daraus folgende Veränderung der andern Faktoren.

Merke: Ich bin ein Schwein, mein Herz ist rein.

Lektion XXXIX: Vom Beginn

»O-riginal«, sagte die Dame mit unverkennbar ungarischem Akzent und deutete auf einen gewaltigen weissen Kachelofen, der den kleinen Raum elegant beherrschte, »o-riginal«, sagte sie und wies auf einen Sekretär, eine Kommode, ein Bett, einen Flügel und nickte aufmunternd, als ich ein paar Tasten anschlagen wollte, »o-riginal Schubert«, sagte sie, während aus dem Instrument statt der erwarteten Oktave eine verminderte Septime klang, welcher Misston den hehren Moment allerdings nicht mindern konnte: hier hatte Schubert in den Sommern 1818 und 1824 als Musiklehrer gewirkt, auf diesem Flügel hatte er gespielt, an diesem Sekretär komponiert, in diesem Häuschen hatte er unter anderem Gesinde gelebt, dreihundert Meter abseits des Schlösschens der Esterhazy, welches selber abseits aller Wege liegt, im ungarischen Zseliz damals, heute in Zeliezovske, Slowakei.

»Dieser schöne Anfang einer schönen Geschichte ist reportagentauglich insofern, als er eine Unbekannte (Zseliz) mit einem Hausundhofgedanken (Schubert) verbindet«, sagte der kleine Reporter auf der Stadtautobahn von Bratislava, wo nichts an Schubert und noch viel weniger an Musik erinnert.

Schreibe: Nimm von zehn Büchern deiner Wahl jeweils den ersten Satz und analysiere die Bedeutung der Substantive für den Rest des Texts.

Merke: Auch was nicht glänzt, ist manchmal Gold.

Lektion XL: Von der Schadenfreude

Der Reiseleiter und seine blöden Witzchen gingen allen nur noch auf die Nerven. Im Moment stritt er mit einem Einheimischen, ob die Fähre um fünf (der Einheimische) oder um sechs (der Reiseleiter) auslaufe. Als sie später hoch oben vom Berg herab sahen, wie tief unten die Fähre den Hafen verliess, wussten sie, dass wieder einmal nicht der Reiseleiter recht gehabt hatte. Je schneller sie hinunterrasten, um so weiter entfernte sich das Schiff. Dann standen sie da mit ihrem Gepäck.

Schliesslich mietete der Reiseleiter ein Segelboot. Der Kapitän drängte, schon fiel die Nacht. Er legte ab, Sturmwind ergriff das Boot, welches sich dem Kampf mutig stellte. Das Meer riss wütend am Schiff, Wasser schlug übers Deck. Niemand trug Schwimmwesten, es gab keine Sicherungsleinen. Haltet euch fest, schrie der Reiseleiter, diese Wasserstrasse ist haiverseucht! Es war nun ganz dunkel geworden, das Boot hing waagrecht in den Wellen.

Nach angstvollen Stunden legten sie in einem finsteren Hafen an. Der Reiseleiter sprang als erster von Bord, rief: Ich brauche dringend eine heisse Dusche, und rannte davon. Und trat in ein Loch. Und fiel *platsch* auf seinen fetten Rücken.

Später erfuhren sie, dass er sich beim Sturz den Ellbogen zertrümmert hatte.

Schreibe: Finde Szenen, in denen niemand »Gott sei Dank« ruft und auch niemand laut lacht.

Merke: Masslos straft Gott nur für kleine Sünden.

Lektion XLI: Vom korrekten Weltbild

Wissen, hört man, ist die Grundfeste aller Bildung; und Bildung, weiss man, hebt den Menschen übers Vieh. Der Kutscher sass denn auch deutlich über den Kruppen der zwei Gäule, die den Wagen zogen. Mit seiner schwarzen Melone verstrahlte er überlegene Würde, er hielt die Zügel straff und wies mit grossen Gesten auf die Sehenswürdigkeiten Wiens: »Dieses Denkmal erinnert«, belehrte er uns, die wir uns, als finnische Touristen getarnt, einigermassen schüchtern in die Polster schmiegten, »an die Hochzeit von Kaiserin Maria Theresia mit Kaiser Franz Josef!«

Ich bin froh, einige hässliche Mängel in meinem Wissen endlich, nach fünf Jahren Wien, beseitigt zu haben, seit ich vor wenigen Tagen für achthundert Schilling eine Grosse Rundfahrt machte, um das zweihundertneunundneunzigste Jubeljahr der Wiener Fiaker gebührend zu feiern. Der Beruf des Fiakerkutschers ist anspruchsvoll. Er muss nicht nur die Pferde durch den dichten Verkehr des Rings führen und dämliche Fragen idiotischer Touristen beantworten können. Er muss auch eine Fuhrwerkskonzession besitzen und in der Taxi-Innung organisiert sein. Auf die Wiener Fiaker ist, in einem Wort, Verlass.

Unseren Einwand, dass die Maria Theresia im achtzehnten Jahrhundert, Franz Josef hingegen von 1830 bis 1916 gelebt habe, vertrieb der Kutscher mit einem kurzen Schnalzen der Zügel, um dann den Helden- zum Kaiserplatz und den Volkszum Maria-Theresien-Garten zu machen. Was ich für die Nationalbibliothek gehalten hatte, erwies sich als Mozart-Beethoven-Schubert-Museum; das Naturhistorische Museum, in dem ich Fossilien und Saurierknochen vermutete, war der Palast von Sissi und ist jetzt ihr Museum.

Am meisten erschütterte mein Selbstbild als Schreibender allerdings, als ich im Rahmen unserer Rundfahrt erfahren habe, dass Lessing und Schiller in Wirklichkeit in Wien lebende Komponisten waren.

Schreibe: Wenn Geschichtsschreibung ein Herrschaftsinstrument ist, wie schaute Geschichtsschreibung unter einer Herrschaft der Köhler, Kaminkehrer oder Kredithaie aus? Wo befindet sich dein Jahr Null? Welchen Zweck verfolgt eine Geschichtsschreibung, die sich auf eine Aneinanderreihung von Kriegen kapriziert?

Merke: Prima la musica, poi le parole.

Lektion XLII: Von Entelechie

Man muss seine Marotten pflegen, damit sie nicht verkommen. Übel wär's, wenn sie sich, französischen Ursprungs und charmant, zur deutschen Schrulle, Macke, Wunderlichkeit wandelten und plötzlich exakt und gründlich wären. Meine Marotte ist ausserordentlich charmant: In Prag esse ich Böhmische Ente. Mittags, abends, manchmal zwischendurch.

Ich liebe Prag und weiss alles über Enten. Ihnen wird mit kräftigem Schnitt von knapp unter den Schulterblättern bis zum Brustbein das vordere Drittel entfernt – was damit geschieht, bleibt das Geheimnis der Prager Köche –, der Rest wird der Länge nach halbiert. Ein Teil kommt mit Kraut und Knödel auf den Teller, um aristotelischer Entelechie anheimzufallen. Entelechie ist das Prinzip der Zielstrebigkeit in der Materie, die, wie wir wissen, vom Staub zum Staube führt.

Ich war oft in Prag und habe viele Enten gegessen. Von einer will ich heute erzählen.

Das erste Lokal war frisch renoviert und verhiess mit goldenen Lettern auf pergamentem Grund böhmische Küche, also Ente. Ich stieg endlose Stufen hinab in geweisselte Kellergewölbe. Kostbare Teppiche und schöne Kandelaber. Gedeckte Tische, brennende Kerzen, der Speichel stürzte in den Mund. Ein eifriger Kellner dienerte herbei. Sie wünschen, fragte, nein: frug! er in mindestens drei Sprachen. Essen, sagte ich. Ente essen! Es tut mir sehr leid, entgegnete er, die Küche ist erst in Konstruktion. Vielleicht möchten Sie etwas trinken? Ich bedankte mich und ging.

Das zweite Restaurant hatte offensichtlich Geschichte. Teppich abgetreten, Tischtücher schmutzig, Besteck aus Blech; der Kellner war alt. Ich bestellte, und er schaute mich irgendwie erschrocken an, nickte freudlos und schlurfte weg. Nach langem brachte er auf einem Tellerchen ein Messer. Es ist, sagte er, das einzig scharfe im ganzen Lokal. Er verzog die Lippen zu einem bösen Lachen, murmelte – nach dessen Ende – Scheisskommunismus! Und brachte endlich Ente. Sie muss ein glückliches, ein erfülltes, ein sehr langes Leben gelebt haben, sie wird viele kleine Entchen ausgebrütet, sie muss auf eine schöne Zahl von Enkeln und Urenkeln geblickt haben. Jedenfalls war sie mager und zäh. Trotzdem liessen sich von ihren alten Knochen einige Fleischfasern schaben. Der Kellner liess mir Zeit fürs Werk, bis er sich wieder zum Tisch schleppte. War's gut, fragte er, und gab die Antwort selbst: Am besten war wohl das Messer. Lachte wie ein asthmatischer Ziegenbock und servierte ab.

Schreibe: Finde eine möglichst entlegene Leidenschaft und verfolge sie so lange, bis du glaubst, von ihr mehr zu verstehen als alle anderen. Verfasse einen Bericht. Schick ihn an eine Zeitung/Zeitschrift deiner Wahl und terrorisiere den zuständigen Redakteur so lange, bis er verspricht, deinen Bericht zu veröffentlichen.

Merke: Im Verborgenen blüht das Schöne nicht.

Lektion XLIII: Vom Enden I

Geboren tiefschwarz, rostgelb und pfirsichblütenrot, verbringen sie, gebrandmarkt mit der k. k. Krone vergangener Glorie, ihre Kinderzeit in einem hübschen Schloss und auf Alpweiden, getrennt nach Geschlecht. Die Stuten rechts des Tales; im Westen, hoch oben beim Gipfelkreuz, die Hengste. Dreijährig werden die meisten verkauft an Händler und Züchter. Die sechs edelsten Hengste kommen nach Wien, wo sie, immer wieder die Haare wechselnd in alle Schattierungen von Grau, endlich, zehnjährig jetzt und schneeweiss, in den elitären Zirkel der Spanischen Reitschule gelangen. Tag um Tag zeigen sie vor begeistertem Publikum ihre Übungen, bis sie, alt, schwach und in Ehren ergraut, an den Ort ihrer Jugend zurückkehren. Die letzte Ruhestätte finden sie, ihrer edlen Art entsprechend, auf dem kleinen Friedhof beim Schloss, Prunkpferd neben Prunkpferd, eine Ahnenreihe köstlichsten Geblüts ...

Leider, leider enden nur Märchen so. Die Wirklichkeit heisst: Abdeckerei, Schlachthaus, Pferdemetzger. Beim nächsten Wienbesuch verlange man Lipizzanerwurst.

Schreibe: Was ist der Unterschied zwischen einem Kompliment und einer Beleidigung? Unter welchen Umständen wird das eine zum anderen und das andere zum einen? Was kann man dagegen tun?

Merke: Der Tod ist auch nur ein Übergang.

Lektion XLIV: Vom Enden II

Ich sitze am Tisch. Das Telefon klingelt. Ich nehme ab. Erste österreichische Sparkasse, meldet sich die Stimme eines Mannes. Ich erschrecke, hab ich doch die Geduld dieses Instituts bis über alle Grenzen strapaziert. Es tut mir leid, sagt die Stimme, während ich schon erstarre. Es tut mir leid, Ihnen mitteilen zu müssen, dass unsere Frau C. gestorben ist.

Die Frau C. hat geduldig mein jämmerliches Konto betreut, ich bin ihr dennoch eher aus dem Weg gegangen, weil sie mich nur an meine Schulden erinnerte. Jetzt ist sie tot. Und ich, ich muss heulen.

Schreibe: Fasse zusammen, was du in vierundvierzig Lektionen gelernt hast und bring es auf einen Punkt. Nimm den Punkt und wirf ihn weg.

Merke: Machst du Fehler? Tut es dir leid? Ist Angst in deinem Herzen?

Lektion XLV: Vom Kuss (Reprise)

Der kleine Reporter sass so vor einem Bildschirm wie Millionen und vielleicht Milliarden andere, als die Zwillingstürme des World Trade Centers wie Kartenhäuser in sich zusammenfielen. Er war schockiert und fasziniert, er war entsetzt, entrüstet, entgeistert und von einem morbiden Schauer erfüllt. Er ahnte, dass er an einem grossen Ereignis der Menschengeschichte teilnahm. Stunden- und tagelang die gleichen Bilder. Die Einschläge. Die Feuerbälle. Das Einstürzen. Der Staub. Chaos in den Strassen. Tote, Verwundete. Die sich überschlagenden Stimmen der grossen Kollegen. Der Sog der Bilder. Die Unmittelbarkeit. Einen halben Erdball vom Ereignis entfernt befand sich der kleine Reporter trotzdem mittendrin im Schrecken, in der Verzweiflung, in einem gewaltsamen Aufbrechen zahlloser Emotionen, welche die allgemeine Verwirrung nur noch verstärkten.

Und dachte dabei wieder und wieder: Mr. Cantor! Rodin!

Viele, viele Monate später erst wagt der kleine Reporter, Nachforschungen anzustellen. Wahrscheinlich fürchtete er sich vor dem Wissen. Wahrscheinlich glaubte er, im Nichtwissen eine zarte Hoffnung bewahren zu dürfen.

Er erfährt, dass Mr. Cantor gestorben sei, schon eine schöne Weile vor der Katastrophe, friedlich in seinem Bett. Die Firma Cantor, Fitzgerald hingegen habe schwere Verluste erleiden müssen. 658 Mitarbeiter hätten nicht den Hauch einer Chance gehabt.

Was aber den Kuss betrifft: Dreihundert Rodin-Skulpturen seien unter den Trümmermassen begraben worden. Drei Skulpturen habe man retten können. Eine davon sei eine kleine Replik des Kusses.

Schreibe: Wie viele Menschenleben kann ein Kuss aufwiegen? Nimm einen allgemeinen Schicksalsfall und analysiere ihn. Verallgemeinere so, dass eine Erkenntnis entsteht.

Merke: Geschichte geschieht wirklich.

NACHWORT

Der kleine Reporter erschien als eine Art Kolumne über mehrere Jahre hinweg in recht regelmässigen Abständen in der *Neuen Zürcher Zeitung*. Anmerkungen und Aphorismen, Dramolette und Rätsel, Glossen und Gedichte aus den Federn einer stattlichen Anzahl Autoren und Autorinnen versammelten sich jeden zweiten Samstag auf einer Doppelseite, die, zwischen zwei grossen Fotoreportagen eingebettet, von keinem Inserat gestört wurde, also ohne jeden wirtschaftlichen Nutzen war. Textredakteurin der Fotoreportagen und dieses feuilletonistischen Gartens war Margret Mellert. Ich habe seit zwanzig Jahren das Vergnügen, ihr meine Texte – sowohl die Reportagen als auch die Kolumne – unterbreiten zu dürfen. Sie ist eine überaus präzise, scharfsichtige, unerbittliche, feinfühlige und liebevolle Kritikerin meiner Texte, sie greift nach dem Motto ›sowenig wie möglich, soviel wie nötig‹ ein.

Im Verlauf dieser zwanzig Jahre ist aus dem Arbeitsverhältnis eine schöne Freundschaft entstanden. An ihrer Unkorrumpierbarkeit meinen Arbeiten gegenüber hat das nichts verändert, im Gegenteil, ich habe manchmal das Gefühl, dass Margret Mellert eher noch strenger wird. Mir ist das Recht. Ihrem Urteil vertraue ich blind.

Irgendwann allerdings musste sie, musste ich und mussten viele ihrer Autoren feststellen, dass für das zwecklos Schöne auch in der traditionsreichen Neuen Zürcher Zeitung immer weniger Raum zur Verfügung stand. Es werden wirtschaftliche Gründe gewesen sein, welche die feuilletonistische Doppelseite umbrachten und den grossen Fotoreportagen den Raum beschnitten. Am Ende dieses Prozesses war die Zeitung modernisiert. Margret Mellert fand sich in Frühpension.

Auch wenn das alles für das Überleben der Zeitung notwendig gewesen sein mag, so hinterlässt es trotzdem einen bittern Nachgeschmack. Das gleissende Licht einer Sprachkunst, die nicht auf Schnoddrigkeit und Schnörkel baut und sich nicht um Sinn und Zweck zu kümmern braucht, wurde von einer grossen und wichtigen Bühne verbannt.

Dieses kleine Buch ist auch Margret Mellert gewidmet, der ich sehr viel verdanke. Möge sie mir weiterhin nicht nur als Freundin, sondern auch als Kritikerin erhalten bleiben.

Essaouira, im Juni 2007, Christoph Braendle

CHRISTOPH BRAENDLE, 1953 in der Schweiz geboren, lebt und arbeitet seit 1987 hauptsächlich in Wien. Ausgedehnte Reisetätigkeit. Schriftsteller und Essayist. Autor zahlreicher Theaterstücke und Regisseur. Publiziert in vielen Zeitungen und Zeitschriften des deutschsprachigen Raums, z. B. *Neue Zürcher Zeitung, Weltwoche, Du, Frankfurter Allgemeine, Merian, Presse, Standard, Falter* und *Kurier*.

Buchveröffentlichungen:
Erinnerungen an die Gegenwart (2006)
Metapher Vietnam (2005)
Ein österreichischer Held (2001)
Der Unterschied zwischen einem Engel (2000)
Wiener Sonaten. Liebe, Freud und schöner Tod (1998)
Jede Menge Kafka (1994)
Die Wiener (1992)
Die Reise nach Indonesien oder das Begräbnis einer Liebe (1984)

*publication PN°*1
Bibliothek der Provinz

Verlag für Literatur, Kunst und Musikalien